I0750334

Tirso de Molina

Ventura te dé Dios, hijo

Barcelona **2024**
Linkgua-ediciones.com

Créditos

Título original: Ventura te dé Dios, hijo.

e-mail: info@Linkgua-ediciones.com

Diseño de cubierta: Michel Mallard.

ISBN tapa dura: 978-84-1126-296-5.
ISBN rústica: 978-84-9816-537-1.
ISBN ebook: 978-84-9953-483-1.

Sumario

Brevísima presentación

La vida

Tirso de Molina (Madrid, 1583-Almazán, Soria, 1648). España.

Se dice que era hijo bastardo del duque de Osuna, pero otros lo niegan. Se sabe poco de su vida hasta su ingreso como novicio en la Orden mercedaria, en 1600, y su profesión al año siguiente en Guadalajara. Parece que había escrito comedias y por entonces viajó por Galicia y Portugal. En 1614 sufrió su primer destierro de la corte por sus sátiras contra la nobleza. Dos años más tarde fue enviado a la Hispaniola (actual República Dominicana) y regresó en 1618. Su vocación artística y su actitud contraria a los cenáculos culteranos no facilitó sus relaciones con las autoridades. En 1625, el Concejo de Castilla lo amonestó por escribir comedias y le prohibió volver a hacerlo bajo amenaza de excomunión. Desde entonces solo escribió tres nuevas piezas y consagró el resto de su vida a las tareas de la orden.

Personajes

Otón, caballero
Rosela, dama
Césaro, letrado
Honorato, viejo
Gilote, villano
Criselio, caballero
Clemencia, dama
Alberto, soldado
Fulbio, gramático
Agudo, criado
Octavia, dama
Grimaldo, viejo
Liseno, caballero
Ramón, alcaide
Clavela, dama
El Duque de Mantua
Enrique, el conde de Plasencia
Un Paje

Jornada primera

(Sale Otón, de estudiante, con el Arte de Antonio de Nebrija en la mano.)

Otón

¿Qué os hice yo, estrellas pías,
que tanto me perseguís?
¿Qué confusión infundís
en estas potencias mías?
En un año que ha que intento,
por dar a mis padres gusto,
estudiar, y el Arte ajusto
a mi torpe entendimiento;
por más que, a costa del sueño,
niego a la cama el tributo
y decorando sin fruto
soy más incapaz que un leño,
la primer conjugación
aún no he podido aprender,
ni el primer tiempo saber,
tarea de mi lición.
¿Por qué consientes, Apolo,
si las ciencias te dan nombre,
gastar tanto tiempo a un hombre
sin saber un tiempo solo?
Pues no bastan desengaños,
ni el hallar por experiencia
que el principio de la ciencia
apetece tiernos años,
más que mi madura edad,
para que a mi padre ablande
y que estudie no me mande
con tanta incapacidad,
cielos, más memoria os pido,
porque soy siquiera amante,

que el amor y él estudiante
se infaman con el olvido.
  Amo a Rosela divina;
pensar en ella es mi gloria,
y si es para mi memoria
su imagen anacardina,
  séalo, estudios, también,
para que en mí os autoricen,
que nunca se contradicen
saber bien y querer bien.
  Ya es hora de dar lición;
presto el preceptor vendrá;
mas, ¿qué le aprovechará
si en mí sus preceptos son
  lo que en el yunque el martillo?
Ahora bien, decorar quiero
aqueste tiempo primero.
¡Oh, quién pudiera infundillo
  todo sin salir de aquí!
¡Ánimo, ingenio de plomo!
Purga parece que tomo.
El verbo es de sum, es, fui
  el que me hace trasnochar

(Comienza a decorar paseándose, y mirando de cuando en cuando el Arte.)

y, me ocupa el tiempo todo.
Vaya, indicativo modo,
es el modo de mostrar.
  Tempore presenti dice:

(Lee.) Luego, «en el tiempo presente»,
como aquesto se me asiente
al preceptor satisfice.

Dice luego, sum, yo soy,
es, tu eres. Adelante.
Est, aquél es. ¡Qué estudiante!
Aquesto basta por hoy.
Como el singular decore,
mañana sabré el plural
¡Que deprenda yo tan mal,
y que tan bién me enamore!
Cierro el Arte, y decorar
quiero. ¡Qué mal me acomodo!
Vaya. Indicativo modo,
(Paseándose.) es el modo de mostrar.
Tempore presenti, el tiempo
presente. Sum... ¡Ea, pues,
(Titubeando.) sum, significa... aquél es!
Sin provecho gasto el tiempo.
Si no abro el libro es en vano.
¡Que una cosa tan común
me cueste a mí tanto! Sum...
¡Ah, memoria dé villano!

(Lee.) Sum, yo soy, me enseña aquí.
Lo que por el libro aprendo
lo olvido luego en leyendo.
¡Cielo! ¿en qué estrella nací?
¡Ah, gramática maldita!
(Arroja el Arte.) ¡Mal haya quien te inventó!
Si no soy para ti yo,
¿quién a que estudie me incita?
Vete con la maldición
Arte de embelecos lleno;
de mi memoria veneno,
de mi ingenio confusión;
que ni te quiero aprender,

ni contigo es bien me asombre.
Si es natural en todo hombre
el deseo de saber,
  y hace en mí tan poco fruto
la doctrina que me das,
no me llamen hombre más,
sino roble, estatua, bruto.
  ¿Hay tal desesperación?
El preceptor sale. ¡Ah, cielo!

(Sale Fulbio, maestro.)

Fulbio

Otón: ¿el Arte en el suelo?
Bien se sabrá la lición.

Otón

  Arrójale la torpeza
que en mi vil memoria ves;
quizá entrará por los pies,
pues no entra por la cabeza.
  Por Dios, que es hombre terrible
mi padre, pues en mi afrenta,
gramático hacerme intenta,
siendo en mí tan imposible.
  Si a un verbo no hay dar alcance,
¿cuándo llegaré a su fin;
ni cómo sabrá latín
quien no sabe bien romance?
  Aunque tengo padres, soy
de edad varonil, que encierra
más valor para la guerra
que para el arte en que estoy;
  y si es bien que en esto notes,
no son mis años capaces
de facultad que a rapaces

muestran palmetas y azotes.

Fulbio

Señor Otón, vuestro padre
tiene, por ser principal,
más nobleza que caudal;
y porque el estado os cuadre
a vuestro valor debido,
que estudiéis a cargo toma;
porque sus deudos que en Roma
por las letras han valido
hasta alcanzar el capelo,
prometen haceros hombre.
Estudiad, y no os asombre
la incapacidad que al cielo
queréis, ocioso, imputar.
Sabio vuestro padre os vea,
que no hay cosa que no sea
difícil al comenzar.
De la honra es breve atajo
el estudio que el cuerdo ama,
porque al templo de la fama
se entra por el del trabajo.
No cobra valor ni medra
la ociosidad regalada,
que una gota continuada
rompe la más dura piedra.
Uno y otro estudio venza
la memoria hasta que abrace
lo que os enseño, pues hace
la mitad el que comienza.
Alzad el Arte del suelo,
y estimadle en más, Otón.
Ea, decid la lición
que ayer os enseñé.

Otón ¡Ah, cielo!

Fulbio De ese verbo sustantivo
el primer tiempo me dad.
No os confundáis; comenzad.

Otón Comienzo. Nominativo,
sum...

Fulbio ¡Donoso majadero!
¿Nombre hacéis a sum, es, fui?
¿No es verbo?

Otón Dómine, sí.

Fulbio Pues decí el tiempo primero.

Otón ¿No fue en ese tiempo Adán?

Fulbio ¡A propósito fray Jarro!
¡Por cierto, ingenio bizarro
por discípulo me dan!
¿No os enseñé, impertinente,
los tiempos del verbo? Estaba...

Otón Ya... ya..., no se me acordaba.

Fulbio Pues decí el tiempo presente.

Otón El presente es bien bellaco,
si el cielo no lo socorre.
Moneda de vellón corre
y reinan Venus y Baco,

labra casas la lisonja;
es pescadora de caña
la verdad, la lealtad daña;
la ambición se metió monja.

Es ciencia la presunción,
ingenio la oscuridad;
el mentir sagacidad,
y grandeza el ser ladrón.

Vividor el que consiente;
buhonera la hermosura;
vende báculos la usura
y éste es el tiempo presente.

Y pues en él la ignorancia
vence a la sabiduría,
y en mí la dicha podría
ser de mayor importancia

que el latín que aprendo mal,
con vuestro Arte os avenid,
(Arrójale.) y a mi padre le decid
que no fuerce el natural

de su hijo con violencia,
que es hacer al cielo agravio,
y si me quiere hacer sabio
que me dé la suficiencia.

(Vase Otón.)

Fulbio El hombre ha dicho muy bien,
y me libra de un trabajo
que a tomarle yo a destajo
perdiera el seso también.

¡Jesús, qué gran matalote!
Más ha de un mes que le di
de lición a sum, es, fui,

que la abarca y el capote
  del rústico más común
le aprendiera en media hora,
y sáleme el poste agora
con nominativo, sum.
  ¡Qué de Otones que me miran,
discretos en la opinión,
que para el Antonio son
tamquam asinus ad lyram!

(Vase Fulbio. Salen Rosela, dama, y Agudo.)

Rosela — De modo contenta estoy,
que pues no hago acciones locas,
no muestro que hermana soy
de Césaro. Albricias pocas
por tales nuevas te doy.
  ¿Que mi hermano tanta estima
por sus letras ha alcanzado?

Agudo — Toda Italia le sublima
por el más noble letrado
que lee cátedra de prima.
  No tiene jurisperito
Europa sabio como él;
su nombre en Bolonia escrito
por las calles, el laurel
le ofrece.

Rosela — Gozo infinito
  con esas nuevas me das.
¡Qué alegre estará Honorato,
mi padre!

Agudo No quieras más,
que él solo al de Monferrato,
cuya guerra ya sabrás
que con el de Mantua tiene,
ha sido causa total
de las paces que previene.

Rosela Cuéntame eso.

Agudo Gloria igual
a ganar su valor viene.
Dos años ha, como sabes,
que sobre la posesión
de algunas ciudades graves,
que en esta comarca son
de Italia y Milán las llaves
el duque de Mantua viejo,
y el marqués de Monferrato,
los dos de la guerra espejo,
con militar aparato
perturban paz y consejo;
y remitiendo a la guerra
pareceres de letrados,
que el más sabio tal vez yerra,
de Italia los potentados
han convocado a su tierra.
Peleaban cada día,
y combatiendo murallas
la dicha y la valentía,
en asaltos y en batallas
se abrasaba Lombardía.
Y sin poder componellos
los que la paz intentaban,
la Ocasión andaba entre ellos,

de quien, ciegos, procuraban
sin verla, asir los cabellos.
  Cansados de guerras, pues,
entró el papa de por medio,
llamando al duque y marqués;
y, para poner remedio
en tan prolijo interés,
  mandó que buscar hiciesen
al más ilustre letrado
que las leyes conociesen,
en cuyo estudio y cuidado
sus pleitos comprometiesen.
  Dio la diligencia prisa,
y volando a las ciudades
de Italia la fama, avisa
a las universidades
de Perusa, Fermo y Pisa.
  Vienen letrados de Roma,
los suyos Bolonia apresta;
mas, Césaro, que los doma,
como el Sol se manifiesta
cuando entre estrellas asoma.
  Rindiéronse a su opinión
cuantos ser jueces quisieran,
y no fue grande blasón,
pues también lo mismo hicieran
Bártulo, Baldo y Jasán.
  Juez árbitro le nombraron
el duque y marqués al fin,
y después que le informaron,
de dar a sus guerras fin
y pasar los dos juraron
  por su sabio parecer,
en la justicia resuelto,

que no admite corromper.
Y después de haber revuelto
todo el derecho, a vencer
vino el duque; pero dio
Césaro tales razones
y tan eficaz habló,
que a pesar de discusiones
a los dos apaciguó,
con que la hermosa Clemencia,
hija del duque, se case
con el conde de Placencia,
hijo del marqués, y pase
la guerra a bodas y herencia.
Vinieron los dos en esto,
y a Césaro aficionados,
en el gobierno le ha puesto
el duque de sus estados;
y el marqués, que ve compuesto
tan a su satisfacción
pleito tan largo y reñido,
en muestras de su afición
de joyas le ha enriquecido,
y una villa en posesión
y mayorazgo le ha dado,
premio de su mucha ciencia;
y para vos ha alcanzado,
siendo dama de Clemencia,
esperanzas de un condado,
con el esposo que os dé.
Ved lo que el estudio alcanza.

Rosela

Pues de estado mejoré,
voluntad, a la mudanza
estatuas levantaré.

Villano padre dio el ser
al mío, que mejoró
con el trato mercader.
Bieldos en varas trocó
y el sembrar por el vender.

Admití la voluntad
que mostró tenerme Otón,
ilustre en esta ciudad,
creyendo de su afición
interesar calidad

a mi sangre con su amor,
que aunque pobre, es caballero;
pues dándome él su valor
y yo en trueco mi dinero,
lucieran los dos mejor.

Pero, pues, la diligencia
de mi hermano le sublima
a tan noble preeminencia
y, en fe de su mucha estima,
he de privar con Clemencia,

Otón mude de cuidado,
que ya los cielos serenos
de mi amor se han anublado;
porque no pienso ser menos
que esposa de un titulado.

Agudo — A eso y más puede animarte
Césaro, del mundo espejo.

(Vase Agudo. Sale Otón.)

Otón — Rosela, por adorarte
odiosos estudios dejo;
que al natural cansa el Arte.

¿Qué gramática mejor,
qué más noble facultad,
qué ciencia de más valor
que la que halla en tu beldad
mi correspondido amor?
Estudie nominativos
quien como yo no se asombre,
y aplíqueles adjetivos,
como declinen tu nombre
mis deseos siempre vivos.
Conjuguen a sum, es, fui,
sin mí los demás desde hoy,
pues solo de él aprendí,
mi bien, con el sum, que soy
tuyo y no vivo sin ti.
Si se enojare mi padre
porque en su gusto no vengo
va le cuadre o no le cuadre,
a tu amor por padre tengo
y a tu hermosura por madre.
Abre el amoroso labio,
hónreme tu sí dichoso,
no hagas a mi fe agravio,
que más quiero ser tu esposo
que, no siéndolo, ser sabio.

Rosela (Aparte.) (¡Qué donoso impertinente!)
Otón, pobreza y valor
no son dote competente,
ni anda ya desnudo Amor
en la opinión de la gente.
Si ya que eres ignorante,
tuvieras hacienda, Otón,
estimárate constante;

que el tener es discreción
y el oro se ha vuelto amante.
  El cielo a mi hermano ha dado
tantas letras, que le ven
por ellas entronizado,
y siendo sabio, no es bien
darle a un necio por cuñado.
  De tu ignorancia me pesa.
Césaro me ha prometido,
por lo que en esto interesa,
que no ha de ser mi marido
quien no me llame condesa.

Otón

  Respondes como mujer,
pues en la hacienda reparas;
hija al fin de mercader
que mide su amor a varas
en la tienda del tener.
  ¿Al interés amor llamas?
Amor no es más que valor
de la voluntad que infamas.

Rosela

Pues tú ¿qué sabes de amor
si aún no has llegado a amo, amas?
  Anda, vete a sum, es, fui.

Otón

Sí haré, que soy caballero,
y seré siempre el que fui,
el ser villano y grosero
de un terrón al que hay en ti.
  Yo, soy yo.

Rosela

¿Dasme lición?

Otón Y tú, eres tú.

Rosela A conjugar
te vas enseñando, Otón;
mas tu amor no ha de llegar
conmigo a conjugación,
ni a ser amante tampoco,
que más adelante pasa.

Otón A no estimarte tan poco,
villana...

Rosela ¿No hay quien de casa
a palos me eche este loco?

(Sale Agudo.)

Agudo Albricias, señora mía;
tu padre y hermano están
en casa, y a Mantua van.
Por ellos el duque envía
y por ti, porque madama
Clemencia te hace favor.

(A Otón.)

Rosela ¿Es justo estimar tu amor
cuando un príncipe me llama?
Bien pudiera castigar
tu ignorante desacato
si a Césaro y a Honorato
cuenta de él quisiera dar;
mas en fe de tu desprecio
bástete, Otón, por agravio

que él venga a ganar por sabio
lo que tú pierdes por necio.
  Y pues de ti no hago caso,
por lo que te falta de hombre,
declina casos de un nombre,
mientras en Mantua me caso,
  que musa, musae, te excusa,
pues mientras te corresponde,
me casarán con un conde
y a ti, ignorante, con musa.

Otón

¡Que esto sufro! ¡Que esto escucho!
¡Que esto causa el no saber!

(Salen de camino, como letrado galán Césaro, y Honorato, viejo.)

Honorato

¡Hija!

Césaro

¡Hermana!

Rosela

Si el placer
da la muerte cuando es mucho,
  no sé, hermano, cómo vivo.
Si honró el laurel tu cabello,
honre mis brazos tu cuello,
en que el alma te apercibo.
  Ya sé cuán sabio te nombra
la fama que te engrandece;
que el duque te favorece;
y a mí, que estoy a tu sombra.
  Ya sé que él con el marqués,
por bastar a apaciguallos,
te hacen señor de vasallos
y conde te harán después.

Ya sé que entro en la privanza
de madama, y que por mí
vienes, levantando así
hasta el cielo mi esperanza;
que a mi padre da valor
la vara, que en ti mejora,
si de medir hasta agora,
ya en ti de gobernador.
Sé que a tu sangre enriqueces,
y aunque honrarte tanto escucho;
sé, en fin, si te han dado mucho,
que infinito más mereces.

Césaro — Yo sé, Rosela querida,
lo que basta a ennoblecer
mi linaje, sangre y ser.
Prevén luego tu partida,
que te esperan dos carrozas.

Rosela — ¿Dos?

Honorato — ¿Pues eso te ha espantado?
Yo espero verte en estado,
si un año a tu hermano gozas,
que te llame su mujer
un Colona o un Gonzaga.

Rosela — ¡Ay, padre! El cielo lo haga.

Otón (Aparte.) — (Saber y ensoberbecer
todo es uno. La ambición
de éstos me ha causado risa.)

Césaro — Yo, hermana, vengo de prisa.

Rosela Vamos.

Césaro ¡Oh, señor Otón!
¿Aquí está vuesa merced?

Otón Con el contento y el gusto
que en esta ocasión es justo.

Césaro Todo es hacerme merced.
Ya estará bravo latino.
¿Cómo va de construir?
Versos sabrá ya medir;
no envidiará a Calepino.

Rosela ¡Y cómo! No hay quien le iguale.
Es en sum, es, fui la prima;
que tanto lo que es estima,
que del sum, es, fui, no sale.

Césaro Hace bien, que es caballero.
Estudie, haga lo que manda
su padre; que el tiempo ablanda
el ingenio más grosero.
Sus treinta años poco más
debe tener; muchacho es;
tiempo le queda después
para aprender lo demás.
¿Azótale el preceptor?

Otón Por la lición honra fuera;
mas si el verdugo los diera
en cas de algún labrador,
fuera afrenta conocida.

César	¿Tan presto se ha de picar?

Otón	Muchos suelen azotar
porque dan mala medida.
Como mercader no fui
no temo azotes por esto.

César	Yo no me corrí tan presto,
aunque lo diga por mí.

Honorato	¡Vive Dios! Hidalgo pobre...

César	Basta, padre, que la ciencia
es madre de la prudencia.
Humos con su sangre cobre,
y advertid que entran acá
sus padres. Estudie, hermano,
que yo le daré la mano.

Otón	¡Qué de callos que tendrá!

(Salen Grimaldo, viejo, y Octavia su esposa.)

Grimaldo	¡Que el Arte arrojó en el suelo!
¿Hay atrevimiento igual?

Octavia	Ir contra su natural
es contradecir al cielo.
Si el estudio a Otón repuna,
no le pidáis al acero
ni al plomo que sea ligero.

Grimaldo	No es para cosa ninguna.

¡Vive Dios! Que ha de guardar
los ganados en la aldea.

Octavia

No hará tal, que aunque no sea
capaz Otón de estudiar,
es vuestro hijo, y yo su madre,
y es bien que ande en traje noble.

Grimaldo

¿Hijo mío un bruto, un roble?
¿Yo de un mentecato padre?

Octavia

¿Qué sabéis vos la ventura
que Dios le tiene guardada?

Grimaldo

Quien ni por pluma ni espada,
Octavia, medrar procura,
¿qué puerta abierta hallará
para conseguir valor?

Octavia

El nuevo gobernador
es el que presente está.
Vuestro enojo refrenad.

Grimaldo

Antes me corro de ver
que un hijo de un mercader
de tan baja calidad,
que ayer eran unos bueyes,
con una pajiza casa
todo su caudal, hoy pasa
desde el azada a las leyes.
¡Que por su estudio presuma
ganar honrosos blasones
destripando ayer terrones,
y hoy laureando su pluma,

y que este bárbaro ultraje
mi sangre con su rudeza,
y cuando en Césaro empieza,
acabe en él su linaje!
Quién se pudiera volver
sin ser visto, por no darle
el parabién.

Octavia — Llega a hablarle
que le habremos menester.

Grimaldo — Pues es ya gobernador
de nuestro duque, es forzoso.
(Llega a Césaro.) Gocéis, Césaro dichoso,
con otro cargo mayor
el fruto bien merecido
que premian en vos los cielos
de vuestro estudio y desvelos,
pues tan bien se os ha lucido.

Césaro — ¡Oh! Grimaldo, ¡oh, Octavia aquí!
Si me hubierais menester
gustaré haceros placer.

Grimaldo (Aparte.) (¿Placer? ¡Que nos hable así
el nieto de un tosco arado!)

Honorato — Césaro es gobernador
de nuestro duque y señor,
y un título le ha mandado.
Por la buena vecindad
que con vos tenido habemos,
ved si hay en qué, que os haremos
cualquiera comodidad.

(Vase Honorato.)

Rosela	Y yo, si el duque me casa
con un conde, cual codicio,
recibiré en mi servicio
a Otón, y honraré en mi casa.

(Vase Rosela.)

Césaro	Y yo lo mismo os prometo.
Mas, pues tan ignorante es,
hacedle que sea cortés,
ya que no podéis discreto;
no le enseñe yo si alcanza
a dar de sí testimonio,
en vez del Arte de Antonio,
el de la buena crianza.

(Vase Césaro.)

Grimaldo	¡Que esto haya yo consentido
y caballero me llame!
¡Que de esta suerte un infame,
cielos, me haya respondido!
¡Un viejo sin calidad!

Octavia	¡Ah, Fortuna, toda extremos!

Grimaldo	«Ved si hay en qué, que os haremos
cualquiera comodidad.»
¡Por cuatro letras que sabe!

Octavia	«Si me hubierais menester

gustaré haceros placer.»
¡Arrogante, necio y grave!

Grimaldo

¡Un rústico...! ¡Que esto pasa
y no pierda yo el juicio!
«Recibiré en mi servicio
a Otón y honraré en mi casa»,
y por última venganza,
infame, para afrentarte
me dicen que en vez del Arte
te enseñe buena crianza.
La del campo es la mejor.
Un labrador estudiante
te infama, torpe, ignorante.
Desde hoy serás labrador,
que si a ser noble comienza,
quiero, pues que te envileces,
que por donde acaba empieces.
Quizá así tendrás vergüenza.
¡Hola!

Octavia

Grimaldo; señor,
sosegad y no hagáis caso
de quien caerá al mismo paso
que sube a buscar valor.
Si se os ha descomedido
el villano entronizado,
él, como tal, os ha hablado,
vos, como noble, sufrido.
¿Qué culpa vuestro hijo tiene
de lo que el otro os enoja?
¿Da la Fortuna que escoja
ingenio a quien por él viene?
Dios no le quiere estudiante,

ni será justo que vos
queráis hacer más que Dios.

Grimaldo — Quitáosme, Octavia, delante,
que os haré...

Octavia — ¿No soy su madre?
¿No es razón que a mi hijo acuda?

Grimaldo — Sí sois, pero estoy en duda
si le habéis dado otro padre.
Desde hoy tiene de guardar
los bueyes.

(Sale Gilote, villano.)

Gilote — ¡Válgamos Dios!
¡Qué vagar tienen los dos!
¿Hanmos hoy de despachar?
Mándenmos dar pan y queso,
y a cuenta de mi soldada
seis reales, que está preñada
mi Torilda y pierde el seso
de achaque... ¿De qué, dirá?
De dar al cura.

Grimaldo — Gilote,
quítate aquese capote
y el sayo.

Gilote — ¡Mas arre allá!

Grimaldo — Quita presto.

Gilote — Mas ¿qué quiere,
que en meter leña me canse?

Grimaldo — Desnuda.

Gilote — Desnudaránse,
que no son bestias; espere.

Grimaldo (Desnúdase.) — Quítate aquesa sotana,
tú, y todo, idiota.

Otón — ¡Señor!

Grimaldo — Desde hoy has de ser pastor
con vida tosca y villana.
Quita y calla o —¡vive Dios!

(Desnúdase Otón.)

Gilote — Otro danzante tenemos.
Mas, ¿si quiere que juguemos
a los batanes los dos?

Octavia — No he de sufrir tal agravio,
aunque muriendo os resista.
Cada cual su traje vista,
tosco el tosco, sabio el sabio.

Otón — Señor, si el cielo permite
mostrárseme siempre extraño

Grimaldo — En el estudio de un año,
cuando el trabajo compite
con el más contrario clima,

no resiste la ignorancia,
porque en la perseverancia
la honra ha puesto su estima.
  Vístete ese tosco sayo.

Gilote — ¿Compréle yo para él?
Tres varas tién de buriel.

(Vístese Otón de pastor.)

Grimaldo — Aun un tordo, un papagayo,
  una urraca, un cuervo,
en fin, estudia lo que no entiende,
y si le enseñan, aprende
a hablar romance o latín;
  con que afrentándote están,
pues saben lo que tú no.

Gilote — Es verdad; también habló
la borrica de Balán.
  Mas de eso ¿qué culpa tién
mi capote? ¡Aquí de Dios!

Grimaldo — Esa ropa es para vos.

Gilote — ¿Gil de escolar? ¡Oh, qué bien!

Otón (Aparte.) — (¡Que esto mi padre permita!
Su respeto me acobarda.)

Octavia — La dicha que Dios te guarda,
tu obediencia solicita.
  No en las letras solamente
consiste, Otón, ni se alcanza

nuestra bienaventuranza.
Ser dichoso el hombre intente.
Poco te importa ser sabio,
si no fueres venturoso;
rinde el necio al ingenioso,
y aunque conoce su agravio,
el cobarde se asegura
con dicha, y vence al valiente;
no hay desdichado prudente;
siempre es necia la ventura.
Ya el saber mucho es odioso;
la ignorancia subió el precio
tanto, que importa ser necio
para ser uno dichoso.
Déte Dios, hijo, ventura;
que ella traerá lo demás.

Grimaldo Si esas liciones le das,
¿más que aprenderlas procura?
Vente conmigo al aldea,
daréte en ella el estado
que tu estudio ha granjeado,
que no osaré que me vea
Padua, afrentado por ti
de la boca de un villano.

Otón (Aparte.) (¿Posible es, tiempo tirano,
que me has de afrentar así?)
Hijo tuyo soy, señor;
haz de mí cuanto quisieres.

Grimaldo ¿Mi hijo? ¡Mientes! Tú eres
hijo de algún vil pastor.

Otón Madre, adiós.

Grimaldo ¿Tú, de mi casta?
Ven.

Otón Obedecerte elijo.

Octavia Ventura te dé Dios, hijo,
que el saber poco te basta.

(Vanse y queda Gilote.)

Gilote Heme aquí a mí ensotanado.
¿Qué ha de decir si me ve
Torilda? Sí, que burlé
antojos de su preñado.
Mas no, que si hue ell el antojo
morder del pescuezo al cura,
porque viva la criatura
y a él no le crezca el ojo,
herme cura es agudeza;
muérdame a mí, en conclusión;
que más vale un mordiscón
que estorbos en la cabeza.

(Vase Gilote. Salen Criselio y Liseno, cortesanos.)

Liseno Sosiégate, señor.

Criselio Morir, Liseno,
es mejor que vivir desesperado,
Si celos, como sabes, son veneno,
¿cómo podré vivir atosigado?
Dos años ha que sirvo, mil que peno

de madama Clemencia enamorado,
y al cabo de esperanzas y desvelos,
por pagar amor mal, me paga en celos.
Del duque soy de Mantua noble primo,
acrecentar creí su parentesco
con el de yerno. ¡Ay, Dios! ¿Cómo reprimo
el fuego riguroso que padezco?
Servíle en estas guerras, y al arrimo
del amor que tiránico obedezco,
cuando a Clemencia imaginé por mía,
en lugar de Raquel me dan a Lía.
¿Yo, Liseno, a Clavela? ¿Yo su esposo?
¿Qué importa que del duque sea sobrina?
¿qué importa que su dote caudaloso
incline al interés, si a amor no inclina?
Estoy loco, estoy muerto, estoy celoso.
Quien con celos y amor no desatina,
ni siente agravios, ni de veras ama.
¿Enrique con Clemencia, y yo sin dama?
Deja, Liseno, que mi honrada furia
me dé la muerte aquí.

Liseno ¡Señor!

Criselio ¿Clemencia
del conde, y yo, villano de Liguria,
quien la lleva cobarde a su presencia?
¿Yo autor infame de mi propia injuria?
¿Yo vil ejecutor de mi sentencia?
¿Yo amante suyo a intitular me atrevo?
¿Yo, que la adoro, yo a casar la llevo?
Ésta es traición que contra mí ejecuto.
Perdone el duque, si por hacer paces,
al conde da de mi trabajo el fruto.

Liseno No des voces, señor, mira lo que haces.

Criselio Amor venza mi industria, porque astuto
a mi esperanza amante satisfaces.
Yo estorbaré que el conde de Placencia
a Mantua herede, y case con Clemencia.

Liseno Ya cualquiera remedio vendrá tarde
pues a este castillo la has traído,
y a Padua ha de llegar aquesta tarde,
donde el duque y marqués han concurrido.

Criselio Siempre falta ocasión al que es cobarde,
y sobra tiempo y dala al atrevido.
Yo haré que en no casarse se resuelva,
aunque la guerra a sus principios vuelva.

Liseno Al conde de Placencia está aguardando,
que hasta aquí ha de salir a recibilla,
y si tan presto llega, no sé cuando
podrás a no casarse persuadilla.

Criselio En un hora se vio Troya abrasando.
Solo un tiro murallas aportilla.

Liseno Madama sale.

Criselio Amor, volando obra,
que a quien valor no falta, el tiempo sobra.

(Salen Clemencia y Clavela, de camino, y Ramón, alcaide.)

Ramón De que el duque sea servido

de honrar esta fortaleza,
señora, con vuestra alteza
notable suerte he tenido.
  Presto el conde de Placencia,
llegando aquí gozará
la ventura que le da
tal esposa y tal herencia.
  Dichoso pleito, por Dios,
más que la guerra cruel,
pues sentenciado contra él
el fruto goza con vos.

Clavela — Lo que no pudo la guerra,
las paces han concluido.

Clemencia — Sin verle me dan marido.
No sé si mi padre yerra,
  pero sé que su hija soy
y que es fuerza obedecerle.

Clavela — Hoy, prima, tienes de verle.

Clemencia — Y también me casan hoy.
  ¿Cuándo has visto tú, Clavela,
boda y vistas en un día?

Criselio (Aparte.) — (Favoreced, dicha mía,
mi mentirosa cautela,
  que pues no ama al desposado,
bien mis engaños saldrán.)

Clemencia — Aun más término le dan
de vida a un ajusticiado.

Clavela — Tu padre tiene buen gusto.

Clemencia — Ello es hecho; no hay que hablar.
¡Oh, Criselio!

Criselio — Descansar
del camino será justo
que madrugó vuestra alteza.

Ramón — Contra el calor que hoy abrasa
no hay defensa en esta casa
mejor que esta baja pieza.
Sale a ese fresco jardín,
y él luego a un bosque que abraza
deleitosa pesca y caza.

Clemencia — Pasatiempo vuestro, en fin.

Ramón — Y deseoso de honrarse
con vuestra hermosa presencia.

Clemencia — Pase del Sol la inclemencia
y deje comunicarse,
que por él nos partiremos.

Ramón — En fe de eso están sus puertas
con vos seguras y abiertas;
que castillo en que tenemos
por huéspeda a vuestra alteza
cerrarse fuera traición.

Clemencia — Noble y cortés sois, Ramón.

Ramón — Para vos no hay fortaleza.

Dormid, señora, segura.

(Vase Ramón.)

Criselio — Un poco tengo que hablarte.

Clemencia — Después.

Criselio — Ha de ser aparte.

Clavela (Aparte.) — (¿Mas qué pedirla procura
que sus bodas regocije
con las mías, que me adora?)

Clemencia — ¿Vaste, prima?

Clavela — Adiós, señora.

(Vase Clavela.)

Criselio — No quiero con preámbulos decirte
lo que la prisa impide ponderarte,
pues basta mi lealtad a persuadirte
y el tener yo en tu sangre tanta parte.
Solo quiero que en premio de servirte,
si mi amor es indigno de obligarte,
hagas de él estimándole más cuenta,
que quien viene de paz a hacerte afrenta.
Entre el duque y marqués de Monferrato,
después de dar en tu favor sentencia
fingido se hizo el amoroso trato
de darte por esposa al de Placencia;
mas él al cielo y a su dicha ingrato,
contra la fe y debida reverencia

al papa, qué en las paces se interpuso,
a vengarse a tu costa se dispuso.
Hoy, que viene por ti, se determina,
forzándote, a afrentar tu sangre y casa,
que tanto puede el odio cuando inclina
la enemistad si a descendientes pasa.
No a ser tu esposo viene, ni imagina
tenerte amor, cuando en furor se abrasa,
sino hacer con las paces, fementido,
lo que con tantas guerras no ha podido.
Incítale su padre, que, imprudente,
antepone a la honra la venganza;
y en esta fortaleza ha puesto gente,
porque su alcaide la traición alcanza;
y dándole favor como pariente,
de medrar por infiel tiene esperanza.
Por eso cortesano te recibe,
regalos te hace y fiestas te apercibe.
De buen original sé todo esto.
Fabio, mi hermano, que al de Monferrato
sirvió de capitán, por haber puesto
amistad en los dos el largo trato,
viendo tu honor en riesgo manifiesto,
me escribió este suceso con recato
y temor que el marqués noticia tenga,
porque con tiempo tu favor prevenga.
Mira lo que has de hacer.

Clemencia Criselio amigo,
deudo eres mío, por tu cuenta corre
la honra que a perder vendrás conmigo
cuando esa infamia mi nobleza borre.
De que verdad me dices es testigo
el corazón y el alma, que socorre

con avisos del daño que previene,
pues no sin causa tan forzada viene.
  Sin conocer al conde le aborrezco
que así con su traición mi desdén cuadra.
Mi honra mira.

Criselio — Defenderla ofrezco.
Enciérrate, señora, en esa cuadra,
que en la espesura de este monte fresco
para este daño prevení una escuadra
de amigos y soldados, que procura
servirte, con quien puedes huir segura.
  Si mientras vuelvo llega el falso conde,
hazte fuerte y da voces, que al instante
seré contigo y con mi gente en donde
hazañas viles de un traidor quebrante.
La puerta del jardín que corresponde
al bosque y está abierta, es importante.

Clemencia — ¿Avisaré a Clavela?

Criselio — No, señora;
que estriba todo en el secreto agora.

Clemencia — ¡Oh, conde fementido!

Criselio (Aparte.) — (Amor, ayuda;
que si a Clemencia venturoso llevo
y aseguro el amor que he puesto en duda,
a ser del duque sucesor me atrevo.
Mi gente está emboscada, porque acuda
al amoroso robo. Ulises nuevo
me llaman mis engaños y prudencia;
segundo Paris soy.) Adiós, Clemencia.

(Vase Criselio.)

Clemencia

De la poca voluntad,
conde traidor, que te tengo
a sacar en limpio vengo
que es cierta tu deslealtad.
Heredas la enemistad
que entre tu sangre y la mía
ha asombrado a Lombardía,
y la costumbre y bajeza,
que en ti es ya naturaleza,
viles pensamientos cría.
Aunque en parte estoy contenta
de tu intención alevosa,
pues me impide el ser tu esposa
y mi libertad aumenta.

Voz (Dentro.)

El conde viene; dad cuenta
a madama.

Clemencia

¡Ay, Dios! ¿qué es esto?
Mi peligro es manifiesto
y afrenta, pues llegó ya
el traidor, que no podrá
Criselio volver tan presto.
La puerta cerré con llave;
mas, ¿de qué servirá —¡ay, cielo!—
si da con ella en el suelo
quien dar con las honras sabe?
El ánimo, honor, acabe
lo que Criselio concierta.
Al bosque sale la puerta
de éste, y ¿quién duda

que por darme el cielo ayuda
quiso que estuviese abierta?
Por ella dice que aguarde
su ya espacioso favor.
Buscarle será mejor
que llorar si viene tarde.
Alas da el temor cobarde.
Si las llevo, ¿qué dilato
mi partida? Conde ingrato,
contra el Marqués que te apoya
será imitación de Troya
tu Placencia y Monferrato.

(Vase Clemencia. Sale Otón con un gabán de campo.)

Otón

Umbrosas arboledas,
avarientas al Sol, al aire francas,
pues le impedís que vuestros troncos dore;
fuentes que jamás quedas,
rubias arenas entre guijas blancas
criáis donde Narciso se enamore,
a que os habite y llore
me envía el desprecio,
si río rehusáis que os acompañe un necio.
Ya que letras no entienda
en que la gente funda sus caudales,
sublima ingenios y establece grados,
en vosotros aprenda
mi dicha, pues sois libros naturales,
por el abril curioso encuadernados.
Darán a mis cuidados
por fin de mis congojas
las aves, plumas; vuestros ramos, hojas.
Si de Rosela amante

un tiempo la adoré, y en su hermosura
fundada la ambición tocó a mudanza,
miraréla arrogante
en vuestras hojas, flores y frescura,
y luego en el invierno mi venganza,
que contra la esperanza
de la hermosura ingrata
trueca el oro de abril enero en plata.
Dad alivio a mi queja,
montes alegres, soledad segura,
así jamás os desampare Flora.
Mi madre me aconseja
que busque mi ignorancia a la ventura,
pero ni se quién es ni adonde mora.
Pedidme de ella agora,
que es tormento doblado
el ser a un tiempo noble y desdichado.

(Sale Clemencia, en zapatillo, huyendo.)

Clemencia
Pastor, vaquero, serrano,
si se halla alguna nobleza
en tu llana rustiqueza,
que tal vez en el villano
se hospeda la cortesía
mejor que en la sangre clara,
socorre agora y ampara
a quien de ti su honor fía.
Escóndeme de un traidor
que mi deshonra pretende
y con la venganza ofende
las prendas de su valor.
Mira que se acerca aquí
quien solo injuriarme espera.

Otón — Si la ventura viviera
como la nobleza en mí,
no me diérades el nombre
con que me habéis injuriado;
pero soy tan desdichado
que aun no merezco ser hombre.
¿Qué temor os acompaña?
¿El que os agravia quién es?

Clemencia — Yo te lo diré después.
Si tienes casa o cabaña,
en ella esconder procura
a quien un traidor asalta,
que podrá ser, si te falta
como dices, la ventura,
que por mí seas dichoso.

Otón — No me obliga el interés.
Noble soy y soy cortés,
aunque a las letras odioso.
Una granja está aquí cerca
de un padre, que por castigo
de que el estudio no sigo,
que ni se hereda ni merca,
en este traje me ha puesto.
Tiene condición terrible,
y si os ve, será posible
que os maltrate, descompuesto,
sospechando si allá os llevo
lo que en los años prolijos
culpan en los mozos hijos.
Mas, venid, que yo me atrevo,
vistiéndoos de labradora,

de manera disfrazaros,
que cuando intente agraviaros
quien la ley de noble ignora,
pague al valor que me esfuerza
la traición con que os asalta;
que a quien el ingenio falta
le suele sobrar la fuerza.
Venid, que harta dicha ha sido
la que ya me favorece,
pues defenderos merece.
La que contigo he tenido
te ofrece, pues generoso
quieres defender mi agravio,
hacerte, ya que no sabio,
por la menos venturoso.

Fin de la primera jornada

Jornada segunda

(Salen Grimaldo y Octavia.)

Grimaldo

Yo le haré que tenga seso,
pues no le puedo hacer sabio.
¿Tras ignorante, travieso?

Octavia

¡Grimaldo!

Grimaldo

¡Con buen resabio
ha salido! Estará preso
—¡vive Dios!— hasta que olvide
las pasiones que ha trocado
por las letras que despide.
¡Bueno! ¿Otón enamorado
cuando en el campo reside?
¿Mujercillas en mi quinta?

Octavia

Ésta es una labradora,
no cual vuestro enojo pinta.

Grimaldo

Echadla, Octavia, en mal hora,
o la que traigo en la cinta
dándola de espaldarazos
mi cólera amansará.
¿Qué mucho si en tales lazos
gasta el tiempo cuando da
al amor torpes abrazos,
que ni lo que estudia sepa
ni haga cosa de valor?
No hallo yo pecho en quien quepa
el estudio y el amor,
que de la virtud discrepa.

La torpeza no conserva
letras con que el sabio viva
de los vicios contrahierba,
que si Venus es lasciva,
por eso es virgen Minerva.
¡Bien en la quinta se emplea!
Con tan buenos cartapacios
estudiando en el aldea,
olvidará los palacios
que el ocioso amor pasea.
No me repliquéis, Octavia;
preso ha de estar; despedid
esa mujer si sois sabia.

Octavia
Desenojáos y advertid
si Otón con ella os agravia,
y castigadle después
que lo hayáis averiguado.

Grimaldo
¡Que siempre en las madres es
el amor desatinado!

Octavia
Como no hay otro interés
que premie lo que nos cuesta
un hijo, sino el amor,
más sus fuerzas manifiesta.

Grimaldo
¿Queréis indicio mayor
de la afición deshonesta
que Otón tiene a esa mujer?
Pues advertid el cuidado
con que vive desde ayer
que en casa se ha acomodado,
que yo he procurado ver

si a solas se hablan, y han sido
tantas las muestras y tales
de amor, que me han persuadido
a que en lazos desiguales
se han de casar, si no impido
este desatino luego.

Octavia
¿Vos lo visteis?

Grimaldo
Yo, que sé
las propiedades del fuego,
que aunque de lejos se ve,
da luz y es para sí ciego.
Por eso en el fuego ha puesto
Amor su esfera; y así
despedidla, Octavia, presto,
y dejadme hacer a mí,
que yo me entiendo.

Octavia
¿Qué es esto?

(Salen el Conde Enrique, el Duque, viejo, Criselio, Clavela, Rosela, Césaro y Ramón, todos de camino.)

Duque
Si con alguna traición
no provocáis mi paciencia,
mirad, conde de Placencia,
que usáis mal de la ocasión
que el cielo da a nuestras paces.
¿Qué es de Clemencia, que en ella
mi vida estriba?

Conde
A perdella
los sentimientos que haces,

gran senor, no son tan grandes
como los que quien ignora
esta desdicha y la adora
ha de padecer. No mandes
impedirme de esa suerte
la ventura que intereso;
que habrá de costarme el seso,
si no me cuesta la muerte
la pérdida lastimosa
de su adorada belleza.

Criselio

Conde, en vuestra fortaleza
estuvo Clemencia hermosa.
Para la amorosa entrega
de estas paces la llevé
y en la cuadra la dejé,
que su depósito niega.
Hallar la puerta cerrada
y abierto el falso jardín
del bosque, si no es a fin
de alguna traición pensada,
no sé lo que conjeture.

Duque

El alcaide es deudo vuestro;
y como en ardides diestro,
no me espanto que procure
en mi agravio la venganza
que posponéis al amor.

Ramón

Yo nunca he sido traidor.

Conde

Ni mi burlada esperanza
se persuadirá jamás
a que de industria no haces,

para deshacer las paces,
que eternas fueran de hoy más,
Duque, aquese estratagema;
que estarás arrepentido,
que siendo yo su marido
peligros de amor no tema;
y para que no la goce
la habrás mandado esconder.

Duque Nunca se atrevió a ofender
mi valor quien le conoce.
Y cuando yo no quisiera
que la paz llegara a efeto,
no me puso en tanto aprieto,
Conde, vuestra guerra fiera
que me obligue a compromisos
ni a usar de tales engaños.

Conde Truecan los maduros años
faltas de esfuerzo en avisos;
e intentaréis deshacer
lo concertado con eso;
pero esté el alcaide preso,
duque, y en vuestro poder
mientras se sabe quién es
el que ocasiona la ausencia
y pérdida de Clemencia.
Veremos si mi interés
o el vuestro queda culpado.

Duque Soy contento.

Ramón ¡Gran señor!

Criselio (Aparte.) (¿Qué es esto, confuso Amor?
¿Cómo os me habéis malogrado?
Mientras por mi gente fui
y con engaños tracé
la ganancia que intenté,
mi dama y dicha perdí.
Pero un consuelo me queda,
y es que no la gozará
el conde, ni Amor querrá
que mal mi industria suceda.)

César (Aparte.) (Mi dicha se desbarata
si Clemencia no parece;
que el duque que favorece
mis letras y honrarme trata,
ni de mi se ha de acordar,
ni el marqués de mí hará caso.)

Rosela (Aparte.) (Con mi desdicha me caso
si no me vengo a casar
con el conde imaginado.)

Clavela (Si mi prima falta, cielos,
aunque sosieguen los celos
que ella y Criselio me han dado,
como el duque no sosiegue
¿qué gusto podré tener?)

Grimaldo ¿Qué causa ha podido haber
para que a mi quinta llegue
así el duque alborotado,
con el conde de Placencia?

Octavia Si no parece Clemencia,

bastante ocasión le han dado.

(Sale Clemencia en traje de pastora.)

Clemencia
Pues los cielos te han traído,
padre invicto, duque justo,
a esta quinta, asilo sacro
donde mi honor aseguro,
no te espante mi disfraz,
ni con amoroso yugo
enlazar cuellos pretendas
que se aborrecen por uso.
Antiguas enemistades,
desde tus padres augustos,
al marqués de Monferrato
dan tiranos atributos;
que los odios que se heredan,
cual muestran ejemplos muchos,
han menester Alejandros
que desenlacen sus ñudos.
La autoridad sacrosanta
del Papa, que se interpuso
entre el rigor de la guerra,
envainar aceros pudo.
¿Qué no pudiera el valor
de los enemigos tuyos,
pues tantas veces temblaron
solo de verlos desnudos?
Pero, prudente y piadoso,
armas a libros redujo,
asaltos a tribunales,
guerras a pleitos confusos;
criminales competencias
a civiles estatutos,

y el derecho de la espada
a las leyes de Licurgo.
Salió por ti la sentencia,
y lo que por tantos lustros
la guerra no pudo hacer,
una sentencia lo pudo
que estableciendo amistades
pretendió juntar en uno
nuestros estados y casas.
¡Necio arbitrio, aunque seguro!
Concertadas ya mis bodas
y reducidos al culto
del amoroso Himeneo,
a celebrarlas me trujo
Criselio, a una fortaleza
donde el engaño dispuso
que saliese a recibirme
el conde Enrique, perjuro.
Dejáronme en una cuadra
en que, obediente a tu gusto
y rebelde el mío, que Amor,
en fe que en los ojos puso
la entrada que hace en el alma,
si no ve no da tributo
porque es más sordo que ciego,
estaba haciendo discursos,
ya en pro, ya en contra,
hasta tanto que venció
el cansancio, y pudo
rendirme a pesar del miedo
en brazos del sueño mudo.
Soñando estaba verdades
que agora en mi daño apuro,
y entonces adivinaba

el alma, profeta oculto,
cuando entrando por la puerta
de un jardín, que si da fruto
debe de ser en traiciones,
el Conde, Paris segundo,
y llevándome en los brazos,
con un lienzo dando un ñudo
a la boca que intentaba
obligar al favor justo,
ayudándole traidores,
sobre las ancas me puso
de un caballo que sin alas
voló hasta el bosque confuso.
Púsome, en fin, en el suelo,
y díjome: «Así procuro
vengar antiguos agravios
mientras que tu honor injurio.
No letrados con sobornos
piense tu padre caduco
que quieten enemistados
sentenciando en favor suyo.
A la fuerza de tu honor
violentamente reduzco
el tálamo que esperabas,
vuelto en afrenta su yugo.
Con deshonrarte me vengo
para que publique el mundo
con tu afrenta mi venganza,
que es la que ha tanto que busco».
Di voces, pidiendo al cielo
rayos, que siendo verdugos
contra tiranas ofensas,
mi honor dejasen seguro.
Oyólas un labrador,

en cuerpo y traje robusto,
puesto que noble en los hechos,
a quien mi vida atribuyo,
que con un tosco bastón,
despojo de un roble duro,
contra el bárbaro atrevido
sirvió a mis quejas de escudo,
y sin temer los traidores,
cobardes, puesto que muchos,
testigo de sus hazañas,
hizo los montes incultos.
Huyó el tirano afrentado,
siendo testigo su insulto,
que no hay valiente traidor;
pues tantos temblaron de uno,
y el vencedor cortesano
hasta esta quinta me trujo,
sagrado de mis ofensas,
restauración de mis gustos,
y asegurando recelos
de Grimaldo, padre suyo,
me revistió de labradora,
lenguas enfrenando al vulgo.
De este modo, gran señor,
desde ayer ocasión busco
para darte larga cuenta
de mis agravios y tuyos.
Si el torpe disimulado
negarlos intenta astuto,
su enemistad y mis quejas
serán testigos seguros.
Escarmienta desde hoy más,
y de enemigos perjuros
no te fíes otra vez

cuando aborrecen por uso;
que ni al río has de pedir
que retroceda su curso,
al Sol que engendre tinieblas,
ni que discurran los brutos.
La enemistad heredada,
si a mil ejemplos acudo,
es otra naturaleza.
Con el presente te arguyo.
Armas, valor y honra tienes;
vuelva el acero desnudo
a dar filos a tu agravio,
a asaltar traidores muros,
que primero que me obligues
a su aborrecido yugo,
dándome muerte violenta
cubriré a Mantua de luto.

Duque

Bárbaro conde, ¿qué disculpa tienes,
que a descargarte de este insulto baste?
¿Armado a celebrar tus bodas vienes?
Culpado estás, pues contra mí te armaste;
que pues defensa a tu traición previenes,
la enemistad y bandos que heredaste
intentas proseguir, porque no ignoras
que en fiestas, armas son siempre traidoras.

¿Lo que con tantas guerras no has podido,
intentas con traiciones, y blasonas
de ilustre, de cortés y bien nacido?
A tus armas añade esas coronas.
Con el papa y con Dios tengo cumplido.
Tú mismo, contrario traidor, pregonas
la guerra en que ha de ser mortal retrato
de Roma por Nerón tu Monferrato.

¡Viven los cielos y mi injuria vive,
que no ha de quedar piedra sobre piedra
en ella, si obediente te recibe,
y amparando traidores crece y medra!
Habitarála cuando la derribe,
en vez de gente, solitaria hiedra,
que siempre verde en fe de tu castigo,
de mi justa venganza sea testigo.
Vete a tu padre, como tú, engañoso,
y podrásle decir cuando le avises
de tu intento burlado y cauteloso,
que deje engaños para el griego Ulises,
y que si sale al campo belicoso,
las hierbas teñiré que huyendo pises
con más copia de sangre que dio Italia
a los trágicos campos de Farsalia.

Conde

A no saber que con tan vil engaño
de darme a tu Clemencia arrepentido,
tus embustes reduces en mi daño,
con aquesa mentira prevenido,
fácil pudiera darte el desengaño;
y de mi amor honesto persuadido,
mostrar quién causa aquese trato doble,
quién su sangre envilece y quién es noble.
Mas el amor con que es razón estime
a madama Clemencia, cuya mano
pensé gozar, mi cólera reprime,
que siempre Amor es cuerdo y cortesano.
Injurie mi valor, quejas intime
de que inocente estoy, llámeme en vano
corsario de su honor, que en su decoro
no podré decir más de que la adoro;
y que pues niegas, duque, al juramento

la obligación y paces ya quebradas,
no descortés, pero injuriado intento
hacer que a mi valor te persuadas,
los tafetanes lisonjeando al viento,
brillando al Sol las hojas aceradas,
dando voces las cajas, mi justicia
publicarán mi amor y tu malicia.

(Vase el Conde.)

Duque ¿Adónde está el labrador
de nuestra honra defensa?

Clemencia Ese nombre le hace ofensa,
que es caballero, señor.
El dueño de aquesta quinta,
noble, aunque pobre, es su padre;
y su generosa madre
Octavia, que en Otón pinta
como en imagen el ser
de su heredada nobleza.

Grimaldo Dénos los pies vuestra alteza.

Duque ¡Oh, Grimaldo! el conocer
quien érades me impidió
del conde el villano agravio.
Ya sé que sois noble y sabio;
pero, ¿qué cosa os movió
a vestir en tosco traje
a Otón, si es vuestro heredero?

Grimaldo Tiene el ingenio grosero
siendo ilustre su linaje.

Quisiera que se aplicara
a las letras, y valiera
por ellas; mas de manera
la Fortuna le fue avara,
que en un año no ha podido
sus principios alcanzar,
y quísele castigar,
de su ignorancia ofendido,
con tenerle retirado
aquí donde oculto asista
y el traje grosero vista
con su ingenio conformado,
que quien no sabe ser hombre
no es bien que con hombres viva.

Duque

No en sola la ciencia estriba,
Grimaldo, el glorioso nombre
que ilustra un hidalgo pecho,
que si todos sabios fueran
poco las armas valieran
que tantos reyes han hecho.
Providencia es celestial
que conserva el universo
el dar natural diverso
y distinto a cada cual.
Por eso son las estrellas
tantas, porque a los mortales
den distintos naturales,
naciendo en los climas de ellas.
Y pues no está en la elección
del hombre la facultad
que pretende, a Otón dejad
que siga su inclinación.
¿Dónde está?

Grimaldo Téngole preso
por lo que si yo no fuera
cruel, premio mereciera.

Duque Imprudente andáis en eso.
Id por él, que he de premiarle,
pues en fin le soy deudor
cuando menos del honor.

(Vase Grimaldo.)

Césaro Ya yo comienzo a envidiarle.

Rosela Y yo, hermano, a arrepentirme
de haberle menospreciado.

Criselio (Aparte.) (Los sucesos que he escuchado
han venido a persuadirme
que el engaño que fingí
con Clemencia fue verdad.
¿Si en fe de la enemistad
del conde, mientras salí
por mi gente, al bosque entró
el conde y robó a madama?
Pero, pues, ella le infama
y Otón ayuda le dio,
¿qué hay que dudar? Suerte mía,
mi dicha profetizasteis;
ayer mintiendo acertasteis.
Sosegad, sospecha fría,
que, pues ya se desbarata
la amistad y el casamiento
del conde, a mi honesto intento

no será Clemencia ingrata.)

Clemencia (Aparte.) (Lo que Enrique intentó hacer
dije anticipadamente.
Industria ha sido prudente;
aborrezco, y soy mujer.
Destrúyase Lombardía,
y no destruya mi honor
quien se casa sin amor.)

Octavia (Aparte.) (Será Otón desde este día,
aunque incapaz de saber,
por modo extraño dichoso;
que para ser venturoso
poca ciencia es menester.)

(Salen Grimaldo y Otón, con gabán.)

Grimaldo Éste es, gran señor, mi hijo.

Duque Otón, mucho os soy a cargo,
De vuestro aumento me encargo.
Por capitán os elijo
de esta guerra, que mi honor
por vos tan bien defendido
contra el conde fementido
espera en vuestro valor;
pues si solo y desarmado
le hacéis huir y temer,
mejor le sabréis vencer
de mi gente acompañado.

Otón Aunque no tengo experiencia
en el marcial ejercicio,

el ser en vuestro servicio
y de madama Clemencia
  suplirá cualquier defeto
que haya, gran señor, en mí.
Pero ¿yo cuándo vencí
al Conde?

Duque
Querréis, discreto,
  disimular el afrenta
de quien vencido se ve
por vos. Todo el caso sé,
y el prernio queda a mi cuenta.

Clemencia
  Lo que en mi ayuda habéis hecho
no es encubrirlo razón.
(Aparte a Otón.)
El disimularlo, Otón,
os ha de ser de provecho.
  Yo vuestra dicha procuro;
daos por entendido ya.

Duque
La guerra otra vez está
declarada, y yo seguro,
  pues vais de mi parte vos,
y el conde es vuestro vencido.

Otón
¿Qué es esto, cielo?

Duque
Cumplido
tengo con el papa y Dios.
  Pues Enrique desbarata
las paces que romper quiero
y haciéndole mi heredero
afrentar mi sangre trata,
  nadie culpe mi venganza

si castigo a un desleal.
Otra vez sois general,
Criselio.

Criselio — La confianza,
gran señor, que de mí hacéis
castigará al conde ingrato
destruyendo a Monferrato.

Duque — Con vos quiero que llevéis,
primo, por acompañado
a Césaro, que es espejo
de Italia, y con el consejo
de tan famoso letrado,
vuestro esfuerzo y su prudencia
juntas harán extremada,
en vos, primo, con la espada,
y en Césaro con la ciencia.

Césaro — Yo procuraré, señor,
sacándote verdadero
trocar libros por acero,
reconociendo el favor
de que la lealtad escojas
que en mi amor tus ojos ven.

Duque — Libro es la guerra también;
las espadas son sus hojas.
Pues sois en las unas sabio,
sed en las otras valiente.
Tinta es la sangre caliente,
con ella escribid mi agravio,
y pues por mí sentenciasteis
y mi justicia entendéis,

id y mostrad que sabéis
defender lo que estudiasteis;
que si volvéis con victoria,
por letrado y capitán
Marte y Minerva os darán
laurel de eterna memoria.

César	Beso tus pies.

Duque	Vuestra hermana
queda a cargo de Clemencia.
Si del conde de Placencia
la soberbia humilláis vana,
un título la dará
mano de esposo.

Rosela	En la vuestra,
gran señor, mi dicha muestra
que toda mi dicha está.

Duque	A Otón, Criselio, os encargo;
ya sabéis lo que le debo.

Criselio	Seguro voy, pues le llevo
en mi ayuda y con tal cargo.

Duque	Grimaldo, el término es mío
de toda aquesta comarca.
Cuanto en dos leguas abarca
esta sierra, valle y río,
os doy, para que juntéis
a vuestra quinta esta hacienda.

Grimaldo	Jamás tus canas ofenda

el tiempo.

Duque — Esto le debéis
a Otón, y más lo que intento
hacer por su intercesión
con vosotros.

Césaro (Aparte.) — (A este Otón
temo ya.)

Rosela (Aparte.) — (Que medre siento.)

Duque — Vamos a Mantua, de donde
salgáis armados los tres
para postrar a mis pies
la ingrata cerviz del conde.

Clemencia — Yo quedo alegre y vengada.

Clavela — Yo celosa y no segura.

Octavia — Hijo, sigue la ventura
que Dios te tiene guardada.

(Vanse; quédase Otón y sale Gilote.)

Gilote — Diz que vais por capitán
del duco, Otón.

Otón — ¡Oh, Gilote!
es verdad.

Gilote — Si mi capote,
el que os di cuando en gañán,

de escolar os hizo ser
vueso padre, no hace al caso,
pues que vistiéndoos de raso
ya no le habréis menester,
volvédmele, que no me hallo,
si he de hablar verdad, sin él.
Tres varas tién de buriel;
abrígame, y he de honrallo
con mi buena compañía,
o si no pagadmelé.

Otón
Vente conmigo y te haré
hombre.

Gilote
¡Bueno! ¿Eso sería
hombre? ¿Pues soy yo mujer?

Otón
No es hombre quien de su tierra
no sale. Prueba en la guerra
tu esfuerzo.

Gilote
¿Y qué me heis de her?

Otón
Irás conmigo y si fueres
valiente, cabo serás
de escuadra.

Gilote
¿Cabo y no más?

Otón
Conforme lo que valieres.
Hasta alcanzar la jineta
te ayudaré.

Gilote
El cargo alabo.

Llevadme por vueso cabo,
seré cabo de agujeta.
¿Y qué hemos de her allá?

Otón — Matar a los enemigos.

Gilote — Y si hay proceso y testigos
el alcalde me ahorcará.

Otón — Anda, necio.

Gilote — Vo a mudar
el traje. Pardiós, que es vicio
ser médico en el oficio,
Otón. Vamos a matar.

(Vase Gilote. Sale Grimaldo.)

Grimaldo — Agora tengo de ver
para lo que eres, Otón.
Las armas ventura son,
si méritos el saber;
pues para aquestas no has sido,
en las otras te aventaja.
Gente humilde, pobre y baja
por las armas ha subido
hasta la suprema altura
que en el imperio se encierra.
Verás siguiendo la guerra
que todo en ella es ventura.
La ventura de una escala
cuelga sin riesgo la vida.
Tal vez viniendo perdida
pasará por ti una bala

matándote el compañero
y, dejándote seguro,
caerá al foso desde el muro
todo un escuadrón entero,
y la ventura podrá,
a pesar del enemigo,
conservarte por testigo
de la ayuda que te da.
¿Quién a una posta perdida,
blanco de tanto cañón,
sino la ventura, Otón,
hace que vuelva con vida?
(Sale Octavia.) El que sin dicha se emplea,
ni el coselete grabado,
ni el puesto más retirado,
ni la militar trinchea
darán defensa segura,
si una bala se abalanza
que a todas partes alcanza.
[Todo te da la ventura.]
Pues ésta te favorece,
usa de ella con valor.
El duque te hace favor;
en palacio solo crece,
del modo que en la milicia,
la ventura. En él verás
quedarse el mérito atrás
y arrinconar la justicia.
Solo medra el venturoso.
No por esto te aconsejo
que del valor, que es espejo
para el noble y valeroso,
apartes tu juventud;
que si en él la dicha manda,

mucho más puede cuando anda
al lado de la virtud.
Dios una y otra te dé
para que no degeneres
en la ocasión de quien eres.

Octavia
Hijo, llega y te daré
los brazos.

Otón
Adiós, señora;
padre, adiós. Vuestros consejos
serán desde hoy mis espejos
en que me mire cada hora.

(Gilote sale de soldado gracioso.)

Gilote
¿Vengo bueno?

Grimaldo
¿Va Gilote
contigo?

Otón
Quiérole bien.

Gilote
Vo con Otón, que no tién
con que pagarme el capote.
Soldado soy ya de casta;
encomiéndoos mi cortijo.

Octavia
Ventura te dé Dios, hijo,
que el saber poco te basta.

(Vanse todos. Salen marchando Criselio y Césaro.)

Criselio
Decidme otra vez la traza

de ese estratagema nuevo;
que aunque mi elección la abraza,
es extraño y no me atrevo
a ejecutarle.

César Esta plaza,
con las paces descuidada,
mientras que la guerra ignora,
segunda vez publicada,
no se ha de guardar agora
con la prevención pasada.
Lo más de la guerra estriba
en ardides e invenciones,
que aunque el esfuerzo derriba
murallas y torreones,
la industria el valor aviva.
Por eso es tan estimada
la soldadesca de Flandes;
porque en su región helada
consigue victorias grandes
el ingenio, y no la espada.
Allí sus gentes inquietas
con ardides cada vez
ganan victorias discretas,
y como en el ajedrez,
se suelen vencer a tretas.
Como vuestra valentía
a mi ingenio se sujete,
fácil, Criselio, sería
la victoria que os promete
la traza y industria mía.

Criselio Guiarme el duque ha mandado
por vos en esta ocasión,

y yo estoy determinado
de ver si las letras son
hazañas en el soldado.
  Decid lo que hemos de hacer.

César o — Que se embosque nuestra gente,
Criselio, al anochecer
en ese pinar, que enfrente
de Monferrato ha de ser
  su perdición. Cortarán
de leña seis u ocho carros,
que a la ciudad llevarán
cuatro soldados bizarros
a sombra de un capitán,
  y en villanos transformados,
dándoles franca la puerta
de este engaño descuidados,
pondrán en viéndola abierta
dos de ellos atravesados,
  y harán luego una señal
a la cual acudiremos
con dicha y esfuerzo igual,
y sin sangre ganaremos
la fuerza más principal;
  con que en llevando en prisión
al marqués y al conde, puede
mostrar, ganando opinión,
que a las fuerzas siempre excede
el ingenio y la ocasión.

Criselio — Alto, yo os he de seguir
como el duque me ha ordenado.
Si no hay más que prevenir,
ya el Sol su curso ha acabado;

al bosque podemos ir.
Veamos si vuestra ciencia
tiene en las armas valor.

César Mostrarálo la experiencia.

Criselio (Aparte.) (Dadme preso al conde, Amor,
y gozaréis a Clemencia.)

(Vanse todos. Salen el Conde Enrique y soldados.)

Conde Llegar Tántalo al árbol avariento
y huir la fruta cuando el labio toca;
el líquido cristal besar la boca,
y burlarle dejándole sediento;
a la mesa asentarse el rey hambriento,
y cuando apenas el manjar provoca
al apetito, ver que el Arpía loca
alza los platos y convida al viento.
Lo mismo por mí pasa. No sintiera
Tántalo el hambre tanto, a no incitarle
del árbol la presencia apetecible.
Vi a Clemencia y perdíla. ¡Ay,
suerte fiera! Que ver tan cerca el bien, y no gozarle
es hacer el tormento más terrible.

(Sale Alberto, soldado.)

Alberto Buena ocasión en las manos
te ha ofrecido la ventura;
hoy te da la noche oscura
a tus contrarios tiranos.
En ese pinar están
emboscados y seguros,

que de tu ciudad los muros
esta noche asaltarán.
Con ellos fui por espía;
una salida no más
tienen; vencerlos podrás
antes que al Sol mire el día.
Pega fuego al monte espeso,
y entretanto que le abraso
tus soldados pon al paso
que aseguren el suceso.
Saldrán sus ardides vanos,
y del fuego vengador
huyendo, el mismo temor
hoy te los pondrá en las manos.

Conde — ¡Válgame el cielo! ¿Eso es cierto?

Alberto — Tu victoria sea testigo
de que la verdad te digo.

Conde — Si salgo con ella, Alberto,
una jineta te aguarda.
Abrásese el monte luego.
Un amante todo es fuego;
no es mucho que el monte se arda
a imitación de mi pecho.
¡Oh, quién pudiera abrasar
tu ciudad, duque, y vengar
los agravios que me has hecho!

(Vanse todos. Salen Otón, bizarro, y Gilote.)

Otón — Pesárame haber llegado
tarde.

Gilote
¡Buena flema tienes!
¿A qué fiesta o boda vienes?
¿Qué mesa te ha convidado?

Otón
¿Hay mesa de más valor
que la que la fama envía?

Gilote
La mesa de una hostería
es más barata y mejor.
Allí a pasto bebo y como;
que aquí en esta mortal venta
dan pólvora por pimienta
y albondiguillas de plomo.
¡Miren qué conejo o polla!
¡Fuego de Dios en cocina
donde es una culebrina
la más sazonada olla;
alemaniscos manteles
los lienzos de una muralla,
que intentan desmantelalla
pajes de tiros crueles;
sangre el vino que promete
a quien su brindis admite,
y el postre de su convite
confitura de un mosquete!
¿Qué pecados te han traído
a la muerte convidado?
De tu madre regalado,
en tu quinta entretenido,
levantándote a las once,
y aguardándote al hogar
el lomo para almozar,
no en asadores de bronce,

como los que usa la guerra;
la torreznada con huevos
o los pichones, que nuevos
apenas pisan la tierra.
Criado entre miel y natas
sin haber visto desnuda
una espada, ¿quién te muda
que así malograrte tratas?

Otón — El esfuerzo suplirá
lo que falta a la experiencia;
pues no soy para la ciencia,
la guerra me ensalzará.

Gilote — ¿Qué guerra —¡pese a mi suegra!—
si en la aldea los disantos
nunca esgrimiste entre tantos,
una vez la espada negra?
No lo echemos a perder;
demos vuelta a casa, Otón.

Otón — Calla, necio.

(Salen el Conde y Alberto, desnudas las espadas.)

Conde — La razón
de mi amor vino a vencer.
Lo que el fuego perdonó
ha consumido la espada.

Alberto — Victoria ha sido extremada.

Conde — ¿Criselio está preso?

Alberto No.

Conde Dejaríase abrasar.
por no verse en mi poder.

(Otón y Gilote hablan aparte.)

Otón ¿Cómo es esto?

Gilote Esto es temer,
y eso debe ser temblar.

Otón Retírate aquí, sabremos
quién son éstos y qué ha sido
de Criselio.

Alberto Yo he venido
a darte cuenta.

Otón Escuchemos.

Conde Deja que el campo despoje
lo que el fuego no ha desecho,
pues es debido derecho
de la guerra; y mientras coge
el premio de su victoria
mi gente, repara, Alberto,
en que Clemencia me ha muerto
porque viva su memoria.
Con esta postrera injuria
cerrado habrá la venganza
las puertas a la esperanza.
Ya no habrá aplacar la furia
del duque, que por no darme

el galardón prometido,
si en las paces fementido,
traiciones vino a imputarme;
¿con agravios verdaderos,
quién vencerá su rigor?
¡Ay, desatinado Amor,
imposible es socorreros!

Otón — Oye. El conde de Placencia
es éste, y he colegido
que Criselio está vencido
y él adorando a Clemencia.
¡Vive Dios, que he de probar
dónde llega mi ventura!

Gilote — ¿Qué intentas?

Otón — La noche oscura
preso al conde me ha de dar.

Gilote — ¿Estás loco?

Otón — Solos dos
son cual nosotros. ¿Qué espero?

Gilote — Yo, Otón, no soy más que cero
que nada valgo. Por Dios,
que no des triste viudez
a mi Torilda.

Otón — Importuno,
si eres cero y yo soy uno,
contigo valgo por diez.

(Al Conde.) Enrique, daos a prisión.

Conde ¿Qué es esto?

Gilote (Aparte.) (¡Ay, Torilda mía!
No hay Gil desde aqueste día;
tocas de viuda te pon.)

Conde ¿Quién eres tú que arrogante
a tal locura te atreves?

Otón Después que mi esfuerzo pruebes
sabrás quién tienes delante.

Conde ¿Eres Criselio?

Otón No tengo
la experiencia militar
que le ha venido a ilustrar;
pero con más dicha vengo.
Date a prisión, o prevente
si no temes mi valor.

Alberto Dale la muerte, señor,
mientras que llamo tu gente;
que pues habla confiado,
no viene solo.

(Vase Alberto.)

Gilote ¡Buen modo
de huir! Tras él me acomodo.

Conde Si del duque eres soldado,
déjale y mi campo sigue,

que yo capitán te haré.

Otón

A la lealtad que heredé
no hay interés que la obligue,
que en mi vida fui traidor.
Date.

(Pelean, y pierde el Conde la espada.)

Conde

La espada he perdido
y en un brazo me has herido;
mostrado has bien tu valor.
Esto basta; no me lleves
al duque, y pide el rescate
que gustares.

Otón

Disparate
es que con el oro pruebes
mi lealtad. Allá has de ir preso,
o quedar sin vida aquí.

Gilote

Valiente revés le di;
cortéle el brazo hasta el hueso.

Conde

¿Eres noble?

Otón

Y caballero.

Conde

¡Cielos! ¡Después de la gloria
de tan felice victoria,
tal azar! Tu prisionero
soy; haz, soldado famoso,
de mí lo que más gustares.

Otón — Todo es encuentros y azares
la guerra. Sufre, animoso.
Ata a la herida este lienzo
y esta banda aplica al brazo;
que cortés rendirte trazo,
ya que en las armas te venzo.
Y en ese caballo mío
sube; que en él de éste iré.

Gilote — Heme aquí jinete a pie.
Lleve el diablo el desafío.

Conde — Tu noble y hidalgo trato,
aunque enemigo, me obliga
a que envidioso te siga.
¡Que a vista de Monferrato
me haya preso un hombre solo!

Otón — Tu gente temo que venga
y corro en que me detenga
peligro si sale Apolo.
Vamos.

Conde — ¡Ingrata Clemencia!
Cuando me quite la vida
tu padre, por bien perdida
la juzgaré en tu presencia.

Otón — Si con él soy de provecho,
no tengas de eso temor.

Gilote — ¿Qué dices de mi valor?
¡Bravamente lo hemos hecho!

Otón ¿Tú?

Gilote Yo, pues.

Otón ¿Detrás de mí,
cobarde, no te ponías?

Gilote Siendo cero así tenías
todo el valor que te di;
si no, júzgalo tú mismo.
¿Cuando el cero va detrás
no vale el número más?

Otón Valiente eres.

Gilote En guarismo.

Otón Gran lebrón eres, Gilote.

Conde ¿Victorioso y prisionero,
cielos?

Gilote Llámame tu cero
que a fe que ha habido cerote.

(Vanse todos. Salen el Duque, Clemencia, Rosela y Clavela.)

Duque No temo infeliz suceso
de esta guerra, pues me ampara
la justicia cierta y clara
del agravio que confieso.
Buen general señalé;
vencedor Criselio ha sido
mil veces del fementido

marqués, y si aseguré
su valor con la prudencia
de Césaro, cuerdo y sabio,
¿quién duda que de mi agravio,
juntando al valor su ciencia,
he de quedar satisfecho?

Clemencia
Y más cuando te asegura,
señor, de Otón la ventura.

Clavela
Ya el conde estará deshecho.

Duque
Ésta es la hora que vienen
triunfando a Mantua los tres,
y, presos conde y marqués,
por mí a Monferrato tienen.

Rosela
De mi hermano no hay dudar
siendo César, que presuma
juntar la lanza a la pluma
y vencer como estudiar.

Duque
Si él con la victoria sale
con Criselio os casaré.

Clavela (Aparte.)
(¡Ay, cielo!)

Duque
Y conde le haré
de Regio, para que iguale
el estado a su valor.

Rosela
Eres Gonzaga; no puedes
hacer menores mercedes.

Clavela (Aparte.) (Si le pierdo vencedor,
haced que vuelva vencido;
no le deis ayuda, cielos.
Salidle al encuentro, celos,
pues yo de seso he salido.)

(Salen marchando destempladas las cajas, Césaro y Criselio, de luto. Criselio se pone de rodillas.)

Criselio Ésta es, la primera vez,
invicto duque de Mantua,
que, vencido, tus pies beso,
que Enrique pisa tus armas.
No atribuyan a descuidos,
desorden, culpables faltas
o impericia militar
tu daño y nuestras desgracias,
sino a la ciega Fortuna,
que en las guerras y privanzas
por parecer más hermosa
quiere mostrarse más varia.
Dísteme por compañero
a Césaro, con quien mandas
que estratagemas consulte,
pida ardidos, siga trazas.
No digo yo, aunque pudiera,
la diferencia y distancia
que hay del arnés a la joya,
de la borla a la celada,
cuán mal que se compadecen
hojas de libros y espadas,
ejércitos con esquelas
y cátedras con murallas;
pero diga la experiencia

lo que hay de obras a palabras,
de las plumas a la pluma,
de argumentos a batallas,
que si ejemplos testifican,
el presente, duque, basta,
pues por seguir a las letras
vuelven vencidas las armas.

Césaro

No eches la culpa al ingenio,
Criselio, cuyas ventajas
a tu pesar reconocen
las fuerzas más celebradas.
Cátedras lee la milicia
que universidades pagan,
y s especulación reducen
experiencias practicadas.
Mi parecer fue ingenioso,
y si a ejecución llegara,
Monferrato y su marqués
fueran proverbio en Italia.
Di tú que no bastan ciencias,
que peine el consejo canas,
que asalte el esfuerzo muros,
que arroje el enojo balas
si no asiste la ventura;
porque la vez que esta falta,
ni Pompeyo entre legiones,
ni Marco Antonio entre armadas
a la fortima de César
se opondran, que en una barca
del miedo, asegura a Amiclas
y atrevido el mar contrasta.
Mandéte emboscar la gente
para que al cuarto del alba,

ganando al marqués las puertas
diesen al valor entrada.
Dio la Fortuna envidiosa
de este ardid cuenta a la fama;
contóselo al enemigo,
que el monte y la genta abrasa,
y por él peleando el fuego
la victoria a voces canta,
no el esfuerzo, la ventura;
no el valor, sino las llamas.
Si no fuimos venturosos,
no culpes las letras sabias
que ponen Marte y Minerva
sobre sus cabezas.

Duque Basta.
Vencidos venís los dos;
las letras sin manos hablan,
el valor obra sin lengua,
uno Ulises y otro Ayax;
pero los dos sin ventura.
La elocuencia y la arrogancia,
las armas junto a las letras,
decís bien, no valen nada.
Volvéos, Césaro, a los libros;
abogad, sentenciad causas,
que no es bien paséis la pluma
de la mano a la celada.
De vuestro centro os saqué,
y fuera de él pesa el agua,
no traen armas los juristas.
Con, solo un «fallamos» matan.
¿Qué es de Otón?

Criselio   No sé si afirme
en su afrenta o alabanza
que el temor y la ventura
previnieron su tardanza.

Duque
No fue al campo. Yo lo creo,
que si en él Otón se hallara
salieran con la victoria
su valor y mi venganza.

Césaro
¿La victoria un ignorante
que en su vida ciñó espada?

Duque
Mejor sois para fiscal
que para soldado. Basta.

(Tocan cajas, y sale Otón, bizarro, y el Conde Enrique, sin armas y con banda.)

Otón
Atribuye a mi ventura
y no al valor que me falta
el ofrecerte, señor,
a Enrique preso a tus plantas.
Vencedor, viene vencido.
Yo tengo pocas palabras.
Tarde al campo me enviaron
cumplimientos de mi casa;
hallé al conde que con otros
su victoria celebraba;
pedí ayuda a mi fortuna,
y de suerte me acompaña,
que en fin, vine, vi y vencí.
Por relación esto basta,
y por premio de mis dichas
que de ellas te satisfagas.

Solamente te suplico
que mires que eres Gonzaga,
y que el valor resplandezca
en ti más que la venganza.
En tu poder está el conde.
El que es generoso paga
agravios con beneficios;
perdónale si te agravia.

Duque

A vuestras cortas razones
y a vuestras hazañas largas,
con largos premios prometo
juntar cortas alabanzas.
Mi honor os debo dos veces.
Vencido habéis otras tantas
a Enrique y restituido
a su ser mi antigua fama.
Pues me dais un conde preso,
bien será que conde os haga.
Conde sois de Val Hermoso.

Otón

Esclavo tuyo me llama.

Duque

Criselio, el bastón os vuelvo,
y pues la dicha acompaña
a Otón, seguid su ventura,
que mientras Césaro trata
en mi tribunal de pleitos,
si al valor la dicha ensalza
valor tenéis y Otón dicha.
Restaurad vuestras desgracias.

Criselio

Castigando, señor, premias.
Si avergüenzan tus palabras,

tus mercedes dan valor;
justamente a Otón levantas.
Con su feliz compañía,
ni temo suerte contraria,
ni enemigo poderoso,
ni empresa con que no salga.

Duque — Conde, a intercesión de Otón,
debajo vuestra palabra,
la ciudad tened por cárcel
sin prisiones y sin guardas.

Conde — Yo la doy, y a tu grandeza
rindo las debidas gracias,
deseoso que sin ira
de mi amor te satisfagas.
(Aparte.) (¡Dichosa prisión, si estoy
en presencia de mi dama.
Amor, más cierto anduvieras
si libertad la llamaras.)

Clemencia — ¿No me habláis, Otón?

Otón — Señora,
poco agradece quien habla.
La suspensión siempre mira,
la obligación siempre calla;
por vos tengo el bien que tengo.

Clemencia — Ya sois conde.

Otón — Serme basta
esclavo vuestro.

Clemencia Yo haré
que envidien vuestra privanza.

Clavela (Aparte.) (Pues no se casa Rosela
con mi Criselio, esperanzas
dadle, pues vuelve vencido,
pésame no, alegres gracias.)

(A Otón.)

Césaro El nuevo título goce
vueseñoría, edad larga.

Otón ¡Oh, señor gobernador!
pésame de sus desgracias.
Si hay en que pueda servirle,
no hacer placer, que es hidalga
siempre en mí la cortesía,
acudiré con el alma.

Rosela No doy a vuestra excelencia
el parabién de turbada
con el encarecimiento
que debe quien tanto te ama.

Otón ¡Oh, hermosa Rosela! Ya
llegó la hora deseada
en que esté en vuestro servicio;
y a Otón honre vuestra casa;
pues sirviéndoos de la mía,
mientras que condesa os llama
un título, vuestro esposo,
y el duque, con él os casa,
por dichoso me tendré,

no en que si se ofrece, os haga
cualquiera comodidad,
que fuera poca crianza,
sino que como señora,
me mandéis.

Rosela (Aparte.) (Dióme en el alma.)

Césaro (Aparte.) (¡Que se anteponga a mis letras
de este modo la ignorancia
de hombre que sabe tan poco!)

Rosela (Aparte.) (La envidia el pecho me abrasa.)

Césaro (Aparte.) (A quien le sobra ventura,
el saber poco le basta.)

Fin de la segunda jornada

Jornada tercera

(Salen Clemencia y Clavela.)

Clemencia ¿De mí, en fin, estás, quejosa?

Clavela Mi amor te lo certifica.
La voluntad te halla hermosa,
el interés te ve rica,
el parentesco amorosa,
discreta el entendimiento,
tierna la conversación;
y así de Criselio siento,
si tantos tus dotes son,
que intenta tu casamiento.
En la guerra te ha obligado,
en la paz te ha pretendido,
victorioso, si soldado,
y si galán, preferido;
luego es cierto mi cuidado.

Clemencia Otro, Clavela, es el mío,
del tuyo tan diferente
que le juzgo a desvarío.
Nunca de amor que es pariente
lograr esperanzas fío.
¡Ay, prima mía! ¡Qué extrañas
somos las mujeres!

Clavela ¿Pues?

Clemencia Porque sepas si te engañas...
¿Ves mi libre desdén? ¿Ves,
mis rigurosas entrañas?

¿Lo que al conde de Placencia
aborrecí poderoso?
¿Lo que temí su presencia,
pues por no verle mi esposo
ni mi gusto en contingencia,
el robo y fuerza fingí;
que no llegó a ejecución,
y con mi padre mentí
vanas hazañas de Otón?

Clavela

Yo, prima, supe de ti
el aviso que tuviste
del conde, tu amor ingrato;
que su venida supiste,
y que de su torpe trato,
al bosque turbada huiste;
el buen proceder de Otón;
el por qué te disfrazaste,
y por anticipación
que al conde Enrique imputaste
la no gozada traición.
¿Hay más que añadir a eso?

Clemencia

A Enrique desheredado;
a Enrique sin padre y preso,
sin amigos, sin estado,
y estoy por decir sin seso;
a Enrique que aborrecí,
porque lo que soy publiques,
a Enrique ya pobre...

Clavela

Sí.

Clemencia

Pues a Enrique...

Clavela ¿Hay más Enriques?

Clemencia Prima, quiero más que a mí.

Clavela ¿A quién tu afrenta intentó?

Clemencia No sé que eso verdad sea.
Sé que quien me lo contó
me amaba, y que amor se emplea
en engaños.

Clavela Bien sé yo
de las muestras de afición,
con que más Enrique siente
tu desdén por su prisión,
que cualquier fama desmiente
que desdore su opinión.
Pero hale el duque quitado
el estado que tenía;
murió su padre cercado,
sin que un pueblo en Lombardía
de tantos le haya quedado.
Si rico fue aborrecido,
no sé como pueda ser
cuando tan pobre, querido.

Clemencia Hazañas son del poder,
a Dios siempre parecido.
Añadir al oro, prima,
esmaltes, cuando por sí
el mundo tanto le estima,
no es mucho; ni que a un rubí
o un diamante que sublima

hasta el Sol su resplandor,
guarnezca el oro opulento,
y realce su labor;
pues halla, en fin, fundamento
el trabajo en su valor.
Mas de una materia baja
hacer una pieza noble,
un escritorio, una caja,
una imagen, que de un roble,
al oro puro aventaja,
ésa es majestad guardada
a Dios solo y al poder,
que con grandeza elevada
se autorizan con dar ser
y valor a lo que es nada.
Esto mismo hacer procura
mi amor, pues porque a luz salga
su poder y mi hermosura,
busca un marido que valga,
prima, no más que la hechura.

Clavela	Mis celos has satisfecho,
pues esa hechura saldrá
a tu gusto y mi provecho.

Clemencia	Mi hechura solo valdrá
si hago al conde ya desecho.

Clavela	Rosela sale.

Clemencia	Pues anda,
y no temas que por mí
pierda tu amor su demanda;
que a mi Enrique el alma di,

si bronce, ya cera blanda.

(Vase Clavela. Sale Rosela.)

Rosela — En busca de vuestra alteza
me trae, señora, un cuidado
que ocasiona mi tristeza.

Clemencia — Como sea enamorado,
a comunicarle empieza;
que los de una facultad
alivian su mal mejor.

Rosela — Es, gran señora, verdad.
Mas, ¿paga tributo a Amor
vuestra alteza?

Clemencia — Voluntad
tengo a quien aborrecía.
Decirme la tuya puedes
mientras yo callo la mía.

Rosela — Segura con las mercedes
que me has hecho desde el día
que entré en palacio, quisiera,
si de mí te satisfaces...

Clemencia — ¿Querrásme hacer tu tercera?

Rosela — Que fueses en unas paces,
gran señora, medianera.

Clemencia — ¿Con quién los enojos son?

Rosela — Días ha que he sido amada
con recíproca afición,
aunque agora mal pagada
de Otón.

Clemencia — Luego ¿sabe Otón
querer?

Rosela — Ninguno lo ignora;
ni él tan venturoso fuera
si no amara, gran señora.

Clemencia — Bien dices. La planta y fiera,
por dar fruto se enamora.

Rosela — Cuando alcancé tu privanza,
le traté con menosprecio,
y con inorata mudanza
le llamé ignorante y necio;
porque llegó mi esperanza
a prometerse por sí
dar la mano a un potentado;
que aunque plebeya nací,
como mi hermano ha llegado
a tanta dicha, creí
subir donde mi ambición
pretendió desvanecida.
Sintió mi desdén Otón,
y despreciado, me olvida.

Clemencia — Agravios y celos son
espuelas con que Amor vuela,
aunque un desprecio es bastante
a apagar llamas, Rosela.

Rosela — De un hombre tan ignorante,
que aun no le admite la escuela,
¿quién pensara tal ventura?

Clemencia — ¿Mujer eres de pensé-que?
Desdicho has de tu cordura.
Ahora yo haré que se trueque
el aspereza en blandura
de Otón; que si te ha querido
y otra vez el fuego atizas,
que amortiguaste ofendido,
mientras duran las cenizas,
no ha muerto al fuego el olvido.
Yo despertaré sus llamas.

Rosela — Él viene, porque procures
mi paz.

Clemencia — Si cuerda te llamas,
ni en pensé-ques te asegures,
ni desprecies a quien amas.

(Vase Rosela y sale Otón.)

Otón — Aguardando el Duque queda
a vuestra alteza.

Clemencia — Y yo a vos.

Otón — ¿Qué hay en que serviros pueda?

Clemencia — Conde, ¿no muestra ser Dios
Amor con vos, que se hospeda

en el más rústico pecho
como en el alma más rica?

Otón

No soy para él de provecho;
mas a la guerra se aplica
mi inclinación.

Clemencia

Ya habéis hecho
en ella alarde capaz
del valor que en vos se encierra,
pero ya que es todo paz
y se ha acabado la guerra,
cuando reina Amor, rapaz,
¿en qué soléis ocupar
el tiempo?

Otón

Pues el más largo,
¿no es corto para pensar
lo mucho que os soy a cargo
y no he de poder pagar?

Clemencia

Vos, ¿qué me debéis a mí?

Otón

Todo el ser que me ha ilustrado:
la privanza a que subí;
el haberme acreditado,
fingiendo que yo vencí
al conde Enrique; el sacarme
de una granja al cargo honroso
con que he venido a ilustrarme,
y el haberme hecho dichoso.
¿Qué es lo más que podéis darme?

Clemencia

La dicha que es con exceso,

es deuda al cielo debida.
Yo no tengo parte en eso.
Fingí de Enrique la huida;
mas trayéndole vos preso,
bien habéis beneficiado
lo que dije en profecía;
el título que os ha dado
mi padre a intercesión mía,
vuestro esfuerzo le ha ganado.
Antes os soy tan deudora,
que si es la paga mejor
la que el Amor atesora,
os he de hacer acreedor
de un alma, Otón, que os adora.

Otón ¿A mí, señora?

Clemencia Y tan bella,
como la imaginación,
transformada, Otón, en ella
os dio en alguna ocasión
ánimo para querella.

Otón Si no es que de mí os burláis,
no sé, señora, a qué fin
mi libertad inquietáis.
No os entiendo.

Clemencia A hablar latín
no es mucho no me entendáis.

Otón Yo en mi vida tuve dama.

Clemencia Pues hartas obligaciones

a la que su dueño os llama
tenéis. De aquestas razones
sacad quién es la que os ama.

Otón ¿Yo obligaciones de amor?

(Sale un Paje.)

Paje El Duque a llamar envía
a vuestra alteza.

Otón (Aparte.) (Temor,
refrenad a la osadía.)

Clemencia Para saberlo mejor
id esta noche al terrero,
que hablando, conde, conmigo,
con ella hablaréis.

(Vanse Clemencia y el Paje.)

Otón ¿Qué espero?
Imaginación, si os sigo;
imitar Faetones quiero.
¡Válgame Dios! ¿Si madama,
para ensalzar mi ventura
de todo punto, me ama?
Mas ¿qué bárbara locura,
necio pensamiento, os llama?
¿Yo de Clemencia? ¿Yo amado
de quien el Sol puede ser,
no original, su traslado?
Mas ¿no es Clemencia mujer?
¿Qué imposibles no ha allanado

del amor el real decoro?
Dicha, de mi parte os hallo;
hombre soy, no la enamoro
como a la asiriu el caballo,
o como a Pasife el toro.
Refrenaos, lengua habladora,
y no ofendáis tal valor.
Pero ¿no me dijo ahora:
«Os he de hacer acreedor
de un alma, Otón, que os adora»?
Mas, ¿por fuerza ha de ser ella?
Sí, que mi «imaginación
transformada —dijo— en ella
me dio tal vez ocasión
y ánimo para querella».
Si el ánimo es menester,
cierta es la dificultad.
Ánimo para querer,
si no es para su beldad,
¿para qué otra puede ser?
Pero, imaginación necia,
¿quién vuestra virtud contrasta?
Clemencia a Enrique desprecia,
y con clla no fue casta
Penélope ni Lucrecia.
Mas si me dijo madama,
«pues hartas obligaciones
a la que su dueño os llama
tenéis, de aquestas razones
sacad quién es la que os ama».
¿Yo a quién tengo obligación
sino es solo a su hermosura?
¿Quién ha sido la ocasión
de mi envidiada ventura

sino sola su afición?
Pues si de aquí sacar quiero
mi dama, que es ella digo:
«Id esta noche al terrero,
que hablando, conde, conmigo,
con ella hablaréis.» Grosero
soy, pues en esto reparo.
Si ha de hablar mi dama en ella,
¿qué dudáis, ingenio avaro?
«Conmigo, hablaréis con ella.»
¿Pudo decirlo más claro?
Ea, confusión oscura,
pues ánimo es menester,
el ánimo me asegura
el ser Clemencia mujer
y lo que es más, mi ventura.

(Vase Otón. Salen Clemencia y el Duque, su padre.)

Duque — Yo, Clemencia, haré por ti
lo que me pides.

Clemencia — A Otón
casarle será razón;
palabra a Rosela di
de suplicarte por ella.

Duque — Bien; con Otón casará,
y él en Rosela tendrá
esposa discreta y bella.
Dotaréla de mi mano,
porque tú la quieres bien,
y porque debo también
mucho a Césaro, su hermano.

Mas tú, que por todos ruegas,
y casar quieres a Otón,
¿por qué a tu edad en sazón
tan honestos lazos niegas?
Ya es bien que de este cuidado
me libres, y pues soy viejo,
obediente a mi consejo
des sucesión a mi estado.
Monferrato es tuyo ya;
a Mantua, Clemencia, heredas,
la más poderosa quedas
de Lombardía, y podrá
cualquier rey, si el interés
ve de tu dote y belleza,
dar corona a tu cabeza
porque la mano le des.

Clemencia

Eso queda a cargo tuyo;
que en mí no fuera razón
exceder de tu elección.

Duque

Pues si eso es así, concluyo
con que ya tengo escogido,
mi Clemencia, un noble esposo,
no de suerte poderoso
que al título de marido,
siendo rey soberbio, añada
el título de señor,
sino a quien siendo menor
que tú, la vida privada
y estado por ti mejore,
a tu gusto se sujete,
por señora te respete
y por esposa te adore.

Clemencia (Aparte.) (Si no es éste Enrique, el conde,
cielos, decid ¿quién será?
Pobre y sin estado está,
y con mi amor corresponde.
Pedidme albricias si es él,
Amor.)

Duque Vergonzosa y muda,
mezcla el temor y la duda
en ti el jazmín y el clavel.
Razón será, despenarte:
tu esposo ha de ser, Clemencia,
Criselio.

Clemencia ¿Quién?

Duque Su presencia
es digna de enamorarte.
Primo es mío, y su valor,
igual a sus prendas claras,
tanto, que si tú faltaras
le hiciera mi sucesor.

Clemencia Antes por ser tan cercano,
ni le admito ni le apetezco;
que bodas con parentesco
no se logran.

Duque Ya es en vano
resistir mi voluntad;
que en fe de ser gusto mío,
para que dispense, envío
mañana a su Santidad

a Césaro.

Clemencia (Aparte.) (Amor, ya os lloro
malogrado.)

Duque Éste es mi intento.
Sobre sangre, casamiento,
dicen que es sobre azul, oro.

Clemencia (Aparte.) (O será mi esposo Enrique,
o la muerte me daré.
Un papel le escribiré.
Mi amor sus penas publique.)

Duque Cuerda y obediente eres;
míralo y vuelve después.

Clemencia Como ese hombre no me des,
cásame con quien quisieres.

(Vase Clemencia.)

Duque Ejecutaré mi gusto,
o probarás mi rigor;
mas no sufrirá mi amor
que la case a mi disgusto.
¡Qué grande felicidad
fuera si un padre engendrara
como en el talle y la cara,
en el alma y voluntad
su semejanza! Mas Dios
cría el alma y la da el ser,
y así es milagro el hacer
una voluntad de dos.

(Sale Césaro.)

Césaro De prevenir la partida
que he de hacer a Roma, vengo.

Duque Mientras que yo no prevengo
a Clemencia, persuadida
a no hacer mi voluntad,
¿qué importan tus prevenciones?
A ruegos y persuasiones
responde con libertad
que hasta el nombre le es odioso
de Criselio, y porque vea
si hacer mi gusto desea,
le dé cualquiera otro esposo,
fuera de él.

Césaro (Aparte.) (¡Buena ocasión
la envidia darme procura,
para atajar la ventura
con que me atormenta Otón!)

Duque Es mi única heredera,
ámola excesivamente,
y aunque pudiera imprudente
forzarla a que el sí le diera,
mucho más debo a mi hija
que a Criselio, y entregarla
a quien aborrece es darla
no esposo, muerte prolija.
Pues mi palabra empeñada,
y dejar mi sucesión,
a falta de hijo varón,

por mujer continuada,
llévalo, Césaro, mal.
Criselio, en fin, es mi primo;
por valeroso le estimo,
por discreto y por leal.
Si casara con Clemencia,
mi sangre se continuara,
sin que por ella pasara
a extranjera descendencia.
En aquesta confusión
que me aconsejes te pido.

Césaro

De que no se case ha sido,
gran señor, la causa, Otón;
que ya que a este punto llego,
traidor fuera, a no decir
lo que llegué a ver y oír.
Como Amor le pintan ciego
no repara en calidad.
Madama, gran señor, ama
a Otón.

Duque

¿Qué dices?

Césaro

Madama
le muestra tal voluntad,
que si no es a Otón, no creas
que a otro dé la mano y sí.

Duque

Agora se fue de aquí,
y porque tu engaño veas,
afectuosa me pide
que con tu hermana Rosela
case a Otón.

Césaro

Ésa es cautela
con que sospechas impide.
Hácele tanto favor
y con tal publicidad,
que no falta en la ciudad
quien satirice su amor;
y quiérete deslumbrar
con pedirte que le cases
con mi hermana.

Duque

Si probases
lo que acabas de afirmar,
yo la dicha trocaría
de Otón de suerte que hiciese
que envidiosos no tuviese.

Césaro

A llamarle, pues, envía,
y dile que luego quieres
que se case con Rosela,
verás cuál duda y recela;
y que si fuerza le hicieres
madama misma procura
disuadirte el casamiento
que te pidió.

Duque

El sufrimiento
a estos tiempos es cordura.
No ha Otón de perder conmigo,
aunque contra él atestigües,
mi amor mientras no averigües
méritos de su castigo.
Vele a llamar.

César (Aparte.) (Si afrentado
de mi hermana la aborrece,
y por mujer se la ofrece
el duque, es averiguado
que ha de responder que no,
y así queda satisfecha
de Clemencia la sospecha,
y de Otón vengado yo,
que su ventura me tiene
tal que fuera de mí estoy.)

Duque ¿No vas?

César A llamarle voy.
Pero él mismo, señor, viene.

(Sale Otón.)

Otón Ingenio siempre ignorante,
¿de cuándo acá discurrís,
conjeturáis y argüís,
si soy tan torpe estudiante?
Dejad tanta consecuencia,
y ya que hacerlas queréis,
probad que os desvanecéis
y que no me habla Clemencia.

Duque ¿Otón?

Otón ¡Gran señor!

Duque ¡Qué poco
de vuestro aumento curáis,
cuando a mí me desveláis

por él!

Otón
Si no es que tan loco
me tenga el favor que siento,
hacerme vos, gran señor,
¿qué aumento quiero mayor
que el desvelaros mi aumento?

Duque
Ya es tiempo de que os caséis,
que se pasa el tiempo en vano;
y si ha de ser de mi mano,
como a Rosela la deis,
a su dóte me obligáis.

Otón
¿Yo a Rosela, gran señor?

Duque
Vos; pues.

Otón
No me tiene amor.

Duque
Engañado, conde, estáis;
que en su nombre me ha pedido
Clemencia este casamiento.

Otón
¿Quién, señor?

Duque
Turbado os siento,

Césaro (Aparte.)
(No dirás que te he mentido.)

Otón
Túrbome de que madama
pida que me case yo
con Rosela.

Duque ¿Por qué no,
siendo Rosela su dama?

Otón Mire, señor, vuestra alteza
que no pedirá por mí
madama...

Duque Aquesto es así.
(Aparte.) (Mi sospecha es ya certeza.)

Otón (Aparte.) (¡Ay, soberbia presunción!)
Señor, que se burlaría
madama, o probar querría
de esta suerte mi intención.

Duque ¿A qué efecto? ¿No es igual
este casamiento?

Otón Yo
ni digo sí, ni que no.
Rosela tiene caudal
y belleza apetecida
para cualquiera valor;
lo quc yo dudo, señor,
es que madama lo pida.

Duque ¿Pues qué hay de dificultad
en eso?

Otón ¿No es cosa grave
que cuando madama sabe
no tenerme voluntad
Rosela, quiera ofendella
y darme esposa a disgusto

de Césaro?

Duque
Por mi gusto
Césaro el suyo atropella.
Andad, y dentro de un hora
me dad la resolución
de este casamiento, Otón.

Otón (Aparte.)
(Cayó la máquina agora.
Locura que en viento labras,
sobre arena edifiqué,
y aun menos, pues levanté
quimeras sobre palabras.)

(Vase Otón.)

Duque
Bien probaste tu intención.
Éste es de Clemencia amante;
indicio he visto bastante
en su necia turbación.
¿Qué haremos?

Césaro
Darle la muerte;
que el crimen de deslealtad
es de lesa majestad.

Duque
No pagaré de esa suerte
bien lo mucho que le debo.
Ya no pretendo casarle
con tu hermana, mas sacarle
de Mantua.

Césaro
Tu gusto apruebo,
aunque dejar con la vida

a quien ayer levantaste
del polvo y le sublimaste
a tu privanza, convida
a que otro como él se atreva
a perturbar tu sosiego.

Duque ¿No dices que Amor es ciego?
Pues si es ciego quien le lleva,
y le da mi hija ocasión,
cualquier yerro le disculpa;
Clemencia tiene la culpa.
Echando de Mantua a Otón
y enviándole al gobierno
del despojado marqués,
podrá Criselio después
no malograr su amor tierno;
con este título honesto
los inconvenientes quito.

Césaro Eso es premiar su delito.

Duque Lo que le amo manifiesto.
Ven, y haré la provisión
del estado a que le envío;
y porque algún desvarío
no haga Criselio, en razón
del desdén con que Clemencia
niega el pretendido sí,
la palabra que le di,
y de mi estado la herencia,
también le he de asegurar
con una cédula mía.

Césaro (Aparte.) (Mi envidia en vano porfía

a este idiota derribar.)

Duque — Cruel eres para juez.

Césaro — (¿Gobernador Otón ya?
¿Más que su estado le da
si le persigo otra vez?)

(Vase el Duque, y sale el Conde Enrique.)

Conde — A buen término he venido
por vos, Amor. De mi estado
y libertad despojado;
de Clemencia aborrecido;
sin deudos y sin amigos
que de mis males se acuerden;
que los trabajos los pierden,
o los vuelven enemigos.
Pero, Amor, lo que más siento
es de mi ingrata el desdén
porque a quererme ella bien,
gloria fuera mi tormento.

Césaro (Aparte.) — (Enrique es éste. Ya estoy
contra Otón determinado;
no gobernará el estado,
ni vivirá, si puedo, hoy.)
¡Oh, Conde!

Conde — ¡Oh, Césaro amigo!

Césaro — Con tal nombre me estimad;
que yo os diera libertad,
a poder dar el castigo

a un bárbaro que merece
y estorba vuestra ventura.

Conde
Libertad, no la procura
mi amor; que aunque me aborrece
Clemencia, contento vive
padeciendo en su presencia.

Césaro
Si como os ama Clemencia,
y por dueño os apercibe
el alma, no se opusiera
la necia contradicción,
Enrique, que os hace Otón,
brevemente Mantua os viera
su esposo, y del duque airado
noble yerno y sucesor.

Conde
¿Clemencia me tiene amor?

Césaro
Mi hermana cuenta me ha dado
de lo que por vos padece;
lo que vuestra prisión llora,
si os estima, si os adora,
y si viéndoos se enternece.
Pero Otón, que al duque hechiza,
ignorante y ambicioso,
pretendiendo ser su esposo,
a Clemencia os tiraniza.
A gobernar vuestro estado
le despacha, y en secreto
quiere esta noche, en efeto,
ved si le tiene hechizado,
que a Clemencia dé la mano,
mientras Criselio lo ignora;

que como sabéis la adora;
y dándoos muerte inhumano,
  en tomando posesión
de Monferrato, nombrarle
por su marqués y dejarle
de Mantua la sucesión.
  Esto en secreto he sabido
y a decíroslo me atrevo,
porque a lo mucho que os debo
es bien ser agradecido.
  De esto último nada entiende
Clemencia, a vuestro amor fiel,
porque esta noche con él
forzarle a casar pretende.
  En fin, dama, estado y vida
de aquí a mañana perdéis,
si remedio no ponéis.

Conde

Sin Clemencia, bien perdida
  será; déme fin cruel
el duque.

César

Mejor remedio
es quitar a Otón de en medio,
que yo os prometo, muerto él,
  de obligar que el duque viejo
trueque su enojo en amor.
Ya veis que me hace favor
y que estima mi consejo.

Conde

¿Pues de qué modo os parece
se haga, y yo esté seguro
del duque?

César — Pues que procuro
lo que Clemencia apetece,
fiad de mí vuestra suerte.
Esta noche a Otón matemos,
que a Criselio atribuiremos
seguramente su muerte,
que es su amante declarado,
y el duque tendrá por cierto
que alguno le ha descubierto
el casamiento tratado
con Otón, y que en venganza
de su menosprecio y celos
le ha muerto.

Conde — Ayuden los cielos
vuestra industria y mi esperanza;
que vuestro será mi estado,
y es corta satisfacción.

Césaro — Quedaremos, muerto Otón,
vos contento y yo vengado.

(Vanse los dos. Salen Otón y Gilote.)

Otón — ¿Quedaba buena mi madre?

Gilote — Buena, contenta y segura
de ver crecer tu ventura,
y bendiciendo tu padre
el día que te engendró.
Los trigos a la barriga;
las viñas —Dios las bendiga,
y a Noé que las plantó—
señales mos dan cumpridas

de hinchir hasta los capachos
los cestos, y a los borrachos
en llenarles las medidas.
  El ganado hasta los perros
gordos para reventar,
rebosando el palomar,
lleno el soto de becerros.
  Borregos, Dios los aumente,
ni en los rediles, ni cercos
caben; como tú los puercos,
no quitando lo presente.
  Los prados llenos de potros,
y las yeguas también llenas
las barrigas, porque apenas
unas paren, que entran otros.
  Jugando el cura a la polla,
el barbero y sacristén,
damas y rentoy también.
No hay hogar que esté sin olla,
  ni cuna sin dos chicotes.
A todos hallé con vida,
y a mi Torilda parida
de un rapaz con dos cogotes.
  ¿Qué hay de nuevo por acá?

Otón — Que me casa el duque.

Gilote — ¿Es cura?

Otón — Rosela enmendar procura
desdenes viejos.

Gilote — Sí hará;
mas tú ¿qué dices a eso?

Otón — Nuevas imaginaciones
traen mi seso en opiniones.

Gilote — Pues quedaráste sin seso.
¿Podremos saber de dónde
nace ese mal, o lo que es?

Otón — Pregúntamelo después;
que sale Criselio.

(Sale Criselio.)

Criselio — ¡Oh, Conde!

Otón — ¡Oh, señor! ¿A dónde?

Criselio — Vengo
al duque, que por mí envía.

Otón — Yo y todo a hablarle venía,
porque de una hora que tengo
de término para darle
cierta respuesta, no queda
nada ya.

Criselio — Bien os suceda;
porque yo temo enojarle
según vengo alborotado.

Otón — ¿Cómo?

Criselio — Con descuido trata
promesas que si dilata

le han de alborotar su estado.
Su primo soy, y Clemencia
cuando me dé mano y sí
gana.

Otón — El duque viene aquí.
Si le habláis llevad paciencia.

(Sale el Duque con dos papeles.)

Duque — Primo.

Criselio — Gran señor.

Duque — Otón.

Otón — Señor.

Duque — A los dos estimo;
A vos, Criselio, por primo,
y A vos por inclinación.

(Da a cada uno un papel.)

Tomad y leed los dos,
que así pretendo obligaros;
(A Criselio.) a vos por aseguraros,
y por honraros a vos.

(Vase el Duque.)

Criselio (Aparte.) — (¿Por asegurarme a mí?
Mi determinación sabe.)

Otón (Aparte.) (¡Por honrarme! ¿Qué honra cabe,
propicios cielos, aquí?)

Gilote ¡Oigan! ¡Cómo se han quedado
cada cual con su sentencia!

Criselio (Aparte.) (¿Si es cédula en que Clemencia
el sí de esposa me ha dado?)

Otón (Aparte.) (¿Si porque a Rosela admita,
algún estado me da?)

Criselio (Aparte.) (Suspensión, veamos va
lo que contiene esta dita.)

Otón (Aparte.) (Lo que dice quiero ver
el papel que a honrarme viene.)

Gilote Casa es cada cual que tiene
su cédula de alquiler.

(Lee alto.)

Criselio «Antes que os caséis, importa a mi servicio y vuestro aumento, saquéis mentirosa a la envidia que os pretende descomponer conmigo, y esto ha de ser partiéndoos a Monferrato, por gobernador de todo su marquesado. Ocupad luego esa plaza, que sobre aquesta merced, cualquiera pretensión vuestra caerá mejor.» El Duque.

(Lee en secreto.)

Otón «El amor que os tengo pasa por cualquier dificultad y contradicción, aunque haya no pocas para que os dé a mi hija Clemencia y con ella la sucesión de mi estado que procuran impedirme; y así para vuestra seguridad y en muestras de mi amor os doy esta firma de resguardo y mi palabra con ella, que otro no será su esposo que me herede sino vos.» El Duque.

Criselio ¡Válgame Dios!

Otón ¡Dios me valga!

Criselio ¡Jesús!

Otón ¡Jesús!

Gilote (Aparte.) (Yo también
me santiguo, que si ven
algún diablo, porque salga,
bueno es echar bendiciones.)

Criselio ¿Descomponerme procuran?

Los dos ¡Jesús!

Gilote (Aparte.) (Parece que curan
por ensalmo lamparones.)

Otón (Aparte.) (¿A mí palabra de esposo

de Clemencia, y su heredero
el duque?)

Criselio (Aparte.) (Algún lisonjero,
de mi privanza envidioso,
me descompone atrevido;
y para empezar a honrarme
el duque y asegurarme
la sucesión ha querido
que gobierne a Monferrato,
y haciéndome su marqués
darme a Clemencia después.
¿Qué dudo? ¿En qué me recato,
si en esta cédula corta
asegura con certeza
mi casamiento. No reza:

(Lee.) «Antes que os caséis importa
a mi servicio y aumento
vuestro...»? Luego presupone,
contra quien me descompone,
por cierto mi casamiento.
Pues si el duque le asegura,
temores, ¿qué hay que dudar?)

Otón (Aparte.) (Esto y más puede esperar
el que tiene mi ventura.
Yo apostaré que Clemencia
a su padre ha declarado
el amor que me ha mostrado,
y él por hacer experiencia
del que a Rosela he tenido,
que de Césaro sabrá
sucesos pasados ya,

me mandó ser su marido,
para saber si la quiero,
o pasó más adelante
mi pretensión que de amante.
Esto en mi provecho infiero.
De sangre ilustre desciendo;
los Grimaldos y Fregosos
en Italia generosos
me dan el ser que pretendo.
No perderá calidad
conmigo su ducal casa.)

(Lee.) «El amor que os tengo pasa
por cualquier dificultad
y contradicción, aunque haya
no pocas para que os dé
a mi hija Clemencia.» En fe
de que mi ventura vaya
siempre de bien en mejor,
fácil será aquesta empresa,
pues por escrito confiesa
que me tiene el duque amor.
Pues rompe dificultades,
pues su heredero me llama,
pues me promete a madama,
pues sois sospechas verdades,
Fortuna, tened segura
la rueda sobre que fundo
mi suerte, y seré en el mundo
ejemplo de la ventura.

Gilote Encantado está este día.
Hecho un papatoste estoy.

Criselio (Aparte.) (Clemencia es mía desde hoy.)

Otón (Aparte.) (Desde hoy es Clemencia mía.)

Criselio (Aparte.) (Mi dicha este papel muestra.
Id, amor, y pretended.

(Lee.) «Que sobre aquesta merced
cualquiera pretensión vuestra
caerá mejor.» Pues por vos
queda seguro este trato,
¡alto, Amor! ¡A Monferrato!)
Conde, adiós.

Otón Criselio, adiós.

(Vase Criselio.)

Otón ¿Fuese?

Gilote Ya se fue.

Otón ¿Qué aguardo?

Gilote ¿Qué diablos tienes, señor?
Di.

(Lee.)

Otón «Y en muestras de mi amor
esta firma de resguardo
y mi palabra con ella
que otro no será su esposo.»
¿Hay hombre más venturoso?

¿Tal oigo, Clemencia bella?

Gilote — O me despide, o procura
decirme qué es lo que tienes.

Otón — Vida, gusto, estado, bienes,
amor, esposa y ventura.

Gilote — O enloquecernos los dos,
o dime en qué eres dichoso.

(Lee.)

Otón — «Que otro no será su esposo
que me herede sino vos.»
Besa, besa este papel.

(Se lo acerca a Gilote.)

Gilote — ¿Gánase alguna indulgencia?

Otón — Gano por él a Clemencia.

Gilote — Quien la gana bese en él.
¿Qué dice?

Otón — ¡Si tú supieras
leer!

Gilote — Y como que sé.

Otón — Pues lee aquí.

Gilote — Q, u, e, que.

Por q comencé, ¿qué esperas?
Bellaco agüero, por Dios.

Otón Suelta, torpe.

Gilote Lee, ingenioso.

(Lee.)

Otón «Que nadie será su esposo
que me herede sino vos.»

Gilote ¿No dice más?

Otón ¿Esto es poco?

Gilote Clemencia está aquí, señor.

Otón Hasta en esto, tierno Amor
tengo dicha.

Gilote Y en ser loco.

(Salen Clemencia y Rosela.)

Clemencia El duque me ha prometido
que te dotará, y que Otón
satisfará tu afición
haciéndole tu marido.

Rosela Beso tus pies.

(Sale un Paje.)

Paje Gran señora,
el duque dice que al punto
le veas.

Clemencia (Aparte.) (Lo que es barrunto.
Querrá que el sí le dé agora
a Criselio; pero aplique
ruegos, promesas, rigor,
que solo dice mi amor,
o morir, o ser de Enrique.)

Paje El duque, señora, espera.

Clemencia Hasta en dar prisa es cruel.
Dale al conde este papel,
y que importa considera.

(Dale en secreto un papel a Rosela, y vanse Clemencia, y el Paje con ella.)

Rosela (Aparte.) (¿Para el conde, y sin nombrarle,
papel madama me da,
y que importa? ¿Quien será
el conde a quien he de darle?
En Mantua hay dos solamente,
Otón y Enrique. ¿Qué haré?
¡Mas si Enrique conde fue,
conde es de anillo al presente;
aborrécele madama
y por no verle se esconde,
luego no es Enrique el conde
a quien de esta suerte llama.
De Otón me hablaba Clemencia
antes de darme el papel,
y estándome hablando de él

nombrarle era impertinencia.
Podrá ser, pues mensajera
me hace, que en él le diga
el dote con que le obliga
y el estado que le espera
si con mi amor corresponde.
Lo que imagino será.
Pero si aquí Otón está,
y dijo, date éste al conde,
no hay duda de que le vio;
y dándola el duque prisa
discretamente me avisa
que para Otón le escribió.
Llego a hablarle.) ¡Oh, señor conde!

Otón ¡Oh, Rosela!

(Dándole el papel.)

Rosela Aquéste envía
madama a vueseñoría,
y si discreto responde,
aunque viva descuidado
de suerte tan venturosa,
respete y adore esposa
que le da en dote un estado.

(Vase Rosela.)

Otón No hay ya que poner reparo
en lo que Amor me apercibe.
Pues que madama me escribe
y Rosela habla tan claro,
en Mantua es público ya

mi casamiento.

Gilote ¿Por eso
estás tan fuera de seso?

Otón Si el duque su hija me da
¿no es, Gilote bien perdido?

Gilote ¡Cómo! ¿A quién te da?

Otón A Clemencia.

Gilote Ésa es linda impertinencia.
¿No dices que te ha pedido
que te cases con Rosela?

Otón Ya de parecer mudó,
y en popa mi amor rompió
estorbos a remo y vela.

(Lee el papel.) «Conde, con la brevedad
que a tanta prisa conviene,
Clemencia afirma que os tiene
rendida la voluntad.
Pues anochece, gozad
la ocasión que os corresponde,
que el jardín os dirá adónde,
la dicha es bien que os espere,
que Criselio usurpar quiere.
Clemencia, esposa del Conde.»

¡Criselio estorba sin duda
el bien que casi adquirí!
¿Qué he de hacer, triste de mí,

si el duque parecer muda?

(Entristécese.)

Gilote ¿Hemos menester ayuda?
¿Tan presto se ha destemplado
la gaita, o habemos dado
salto en vago? ¿Qué hay de nuevo?

Otón Si amor de mi parte llevo,
¿qué estorbos me dan cuidado?

(Alégrase.) ¡Alto! al jardín, que procura
ser templo de mi trofeo,
tálamo de mi himeneo,
teatro de mi ventura.
El duque me la asegura
en papel, donde afirma
que su palabra confirma;
pues cuando lo sepa airado,
mostraré que me he casado
con su gusto y con su firma.

Gilote Hombre eres de tornasol;
ya estás alegre, ya triste;
¿qué camaleón te viste
catalufas de arrebol?

Otón Esta noche gozo a un Sol.

Gilote ¿Sol de noche? No sé adonde
le haya.

Otón Un jardín le esconde,
y este papel lo confirma,

pues en él dice esta firma:
«Clemencia, esposa del conde.»

(Vanse los dos. Sale el Duque, y Criselio.)

Duque — Así, Criselio, aseguro
vuestra herencia y casamiento.

Criselio — Y yo en agradecimiento
de tanta merced procuro
no salir de lo que ordena
mi cédula y provisión.

Duque — Tormento es la dilación,
pero alivie vuestra pena
la palabra que os he dado,
primo, en ella.

(Sale Clavela.)

Clavela (Aparte.) — (Mi lealtad
ha de decir la verdad,
si hasta agora la he callado.)

Duque — Clavela, pues ¿qué queréis?

Clavela — Que volváis por vuestro honor.
Madama ha escrito, señor,
primero que la obliguéis
a que a otro esposo dé el sí,
al conde Enrique un papel
pidiendo que vaya en él
a verla...

Duque ¿Cómo?

Criselio ¡Ay, de mí!

Clavela Esta noche a su jardín,
porque o ha de ser su esposa,
o con muerte rigurosa
dar a sus amores fin.
Que lo remediéis es justo,
pues el tiempo da lugar;
que yo no es razón callar
bodas a vuestro disgusto.
Mirad que es de noche ya,
y podrá ser que por obra
ponga el conde el bien que cobra
y esté, gran señor, allá.

Duque ¡Ay, cielos! ¿Pues tiene amor
Clemencia a Enrique?

Clavela ¿Quién duda
que el tiempo y frecuencia muda
como la edad el rigor?
Si esposo suyo le llama,
claro está que bien le quiere.

Duque La sangre que de él vertiere
apagará su vil llama.
El no haberle yo quitado
la vida causa todo esto.
Mas no es tarde; vamos presto.
Que eres mi sangre has mostrado.
Yo Clavela, premiaré
el aviso que me das.

Criselio (Aparte.) (Nunca de mi parte estás,
ciego Amor, rapaz sin fe.
O tu fuego no me abrase
o sé piadoso conmigo.)

Clavela (Aparte.) (De esta vez al duque obligo
que con Criselio me case.)

(Vanse todos. Salen Otón y Gilote, de noche.)

Otón Señas del jardín me han hecho.
Aquí, Gilote, me aguarda.

Gilote ¡Miren a qué chimenea,
con qué botas y lunadas!

Otón Yo, Gilote, te haré rico.

Gilote Sal presto, que tengo el alma
en la prensa del temor;
que esos son pueblos en Francia.

Otón Ea, propicia Fortuna,
este escalón no más falta
para subir a la cumbre
de la ventura más alta.
Dadme la mano y veréis
cómo celebro en estatuas
vuestra memoria.

(Vase Otón.)

Gilote Colóse,

y creo que va a her colada.
¡Miren a qué Valdovinos
que le guarde las espaldas,
que es fiarlas del verdugo,
y ya ven cómo las guarda!
Gente parece que viene.
Mi suerte es tan desdichada,
que la traerá de Moscovia,
cuando no la hubiese en Mantua.

(Salen el Duque, Criselio y otros.)

Duque

Cortaréle la cabeza,
¡viven los cielos! mañana,
siendo el tálamo un cadalso
y los palacios la plaza.

Gilote (Aparte.)

(Cabezas cortan, Gilote.
¡Que se cifren mis desgracias
a donde quiera que voy
del cogote a la garganta!
Si en mi tierra, a mi mujer
se te antojan mordiscadas,
si aquí degüellan —¡San Blas!—
mi gaznate se os encarga.)

Criselio

Aguardemos, señor, que entre,
justificarás tu causa,
sin que excusas le disculpen,
y vendrá bien tu venganza.

Duque

Dices bien; mas junto al muro
siento un hombre.

Gilote (Aparte.) (¡Madre Urganda!
convertidme en lagartija.)

Criselio ¿Quién va?

Gilote (Aparte.) (¡Oh, quién se transformara
en moldura de estas piedras!)

Duque ¿Quién va?

Gilote Todo lo que anda
va, señores, su camino;
el huésped a su posada,
el arriero a la venta
y el que ha bebido a la cama.
Va a ganar bollos el cura,
la dama a caza de gangas,
y yo, sin irme, me voy;
testigos mis pobres calzas.

Duque ¿Quién sois?

Criselio ¿Sois el conde?

Gilote ¿Yo?
Condenada esté mi alma;
que yo estó, en vez de ser conde,
con desmayos que me acaban.

Duque ¿Qué hacéis aquí?

Gilote ¿He de decirlo?
Unas cámaras extrañas
título dan a un lacayo

	de marqués de Camarasa.
Duque	Decid quien sois o prendedle.
Gilote	Venga acá. ¿Puede ser nada un lacayo en este mundo?
Duque	¿Lacayo sois?
Gilote	Hasta el alma.
Criselio	¿De quién?
Gilote	Del conde, señores.
Duque	¿Luego mi jardín y casa ha escalado?
Gilote	Sí, señor; melones enteros cala.
Duque	Echad en tierra esas puertas.
Gilote	La importante está ya echada; quc no hallará cerrajeros que vuelvan a remendarla.

(Salen Césaro y el Conde Enrique, de noche, y acometen al Duque.)

Criselio	¡Ay, cielos!
Césaro	Éste es Otón.
Conde	Muera, pues, y mi esperanza viva.

Duque ¡Ah, traidores! ¿Qué es esto?
¡Hola! ¡Ah, gente! ¡Ah, de mi guarda!

Césaro El duque es, nuestro señor.

(Salen alabarderos y dos pajes con hachas.)

Duque Da voces.

Un Paje Aquí están hachas
y alabardas; no hay huir.

Conde (Aparte.) (Aquí con mi vida acaban
mis desdichas.)

Duque ¡Conde Enrique!
¡Césaro! ¿Contra mí espadas?
¿A mí la muerte?

Césaro Señor,
si merecen mis palabras
crédito, a Otón y no a ti
quisimos dar muerte airada.

Duque ¿Pues por qué?

Césaro Yo por envidia.

Conde Yo por celos que me abrasan.

Duque ¿Celos, traidor, si Clemencia
para su esposo te llama
y a escalar mi jardín vienes

con la noche que te ampara?

Conde ¿Yo, gran señor?

Duque Tú, traidor.

Criselio A ti te ha escrito madama;
y este lacayo es testigo
de que vienes a gozarla.

Gilote Yo no estoy para firmar.

(A Gilote.)

Conde ¿Vos contra mí tal maraña?
¿Conocéisme vos a mí?

Gilote En mi vida le eché paja.

Césaro Éste es criado del conde
Otón.

Gilote ¡Miren la bobada!
Pues aquí ¿quién se lo niega?
Si por aqueso barajan,
¿no ha que les estoy diciendo
dos horas ya, que se casa
con Clemencia el conde Otón;
y por un papel o carta
que le dio suyo Rosela,
viene a her la encamisada
que en las bodas se acostumbra?

Duque ¿Clemencia a Otón?

Gilote — ¡Qué pensaba!

Duque — Derribad luego esas puertas.

Criselio — Pues mis celos no me matan,
poco a Clemencia he querido.

Conde — ¿Hay tal traición?

Césaro — La venganza
que el duque tomará de él,
mi envidia quieta y amansa.

Conde — ¿Sin estado y sin Clemencia,
y con vida? ¡Ay, fieras ansias!

(Salen Otón, Clemencia, Clavela y Rosela.)

Clemencia — Cruel, ¿qué traición es ésta?

Otón — ¿Yo traición, cuando te llamas
mi esposa, cédulas firmas
y en este jardín me aguardas?

Duque — Prended este hombre.

(Otón se pone de rodillas.)

Otón — Señor,
humilde estoy a tus plantas.

Duque — No te levantarás de ellas
con vida.

Otón — Si tú lo mandas,

dichosa será mi muerte;
pero no sé que haya causa
para tan cruel sentencia.

Duque ¿Cuando de afrentarme acabas,
dices que no hay causa, infame?

Otón Por este papel, madama,
que me envió con Rosela,
como a su esposo me trata;
a sus bodas me convida;
y si vine a celebrarlas
es por ser, señor, tu gusto.

Duque ¿Mi gusto?

Otón No habrá mudanza
que niegue, duque, ser tuya
esta cédula firmada
de tu nombre, en que me das
seguridad y palabra
de casarme con Clemencia.

Duque ¿Yo? Para que gobernaras
a Monferrato, te di
la provisión.

Otón Hablen cartas.

Criselio A mí, gran señor, me diste
la gobernación que acabas
de decir.

Otón Y a mí de ser

	sucesor tuyo, esperanza.
Duque	Troquélas. Vuestra ventura, Otón, estas cosas traza. Caballero noble sois de lo más limpio de Italia; lo que la ventura ha hecho no es bien que yo lo deshaga. Ella os casó con Clemencia.
Clemencia	Y ella ha sido quien me engaña; que yo el papel que escribí, con Roscla le enviaba al conde Enrique.
Rosela	Eso no, que si a Enrique me nombraras, yo fuera esposa de Otón, al conde dijiste.
Duque	Basta; que la ventura se esmera en hacer por vos hazañas. Clemencia es ya vuestra esposa.
Clemencia	Hasta en aquesto le ampara su dicha, que le he cobrado tanto amor, que es suya el alma.
Duque	Dadle, Criselio, a Clavela la mano, y seréis de Padua y de Cremona marqués.
Criselio	Yo beso las tuyas francas.

(A su padre.)

Clemencia — Al conde Enrique perdona.

Duque — Criselio tiene una hermana,
su estado le restituyo
si Enrique con ella casa.

Conde — Con el sí te doy, señor,
debidas y justas gracias,
sin que en tu sangre y la mía
más enemistades haya.

Duque — Otón, pues Césaro quiso
daros muerte, ejecutadla
en él, o haced vuestro gusto.

Césaro (Aparte.) — (¡Cielos! Esto me faltaba.)

Otón — Doyle en fe de esa licencia
dos villas, porque así paga
a las letras envidiosas,
cuando es noble, la ignorancia.

Césaro — Disculparme es ofenderte.
No hay en el mundo venganza
como es el dar bien por mal,
que afrenta y obliga.

Otón — Basta.
A Rosela, porque cumpla
de ser condesa las ansias
que ha tanto la traen inquieta,

con el conde he de casalla
de Florel.

Rosela Beso tus pies.

Gilote Tus padres, señor, acaban
de llegar, que a verte vienen.

Duque Vamonos, pues, a ver a Octavia
y a Grimaldo, pues que son
vuestros padres.

Gilote ¿Y sin nada
me dejas?

Otón Por tuya queda
la hacienda, prados y granja,
principio de mi ventura.

Gilote Vivas más que una madrastra.

Duque En vos Otón, quede ejemplo,
con que inmortalice Italia
lo que puede la ventura.

Otón Sin ella no valen nada
sangre, hacienda, armas ni letras,
pues es proverbio de España:
«Ventura te dé Dios,
que el saber poco le basta.»

Fin de la comedia

Libros a la carta

A la carta es un servicio especializado para
empresas,
librerías,
bibliotecas,
editoriales
y centros de enseñanza;
y permite confeccionar libros que, por su formato y concepción, sirven a los propósitos más específicos de estas instituciones.

Las empresas nos encargan ediciones personalizadas para marketing editorial o para regalos institucionales. Y los interesados solicitan, a título personal, ediciones antiguas, o no disponibles en el mercado; y las acompañan con notas y comentarios críticos.

Las ediciones tienen como apoyo un libro de estilo con todo tipo de referencias sobre los criterios de tratamiento tipográfico aplicados a nuestros libros que puede ser consultado en Linkgua-ediciones.com.

Linkgua edita por encargo diferentes versiones de una misma obra con distintos tratamientos ortotipográficos (actualizaciones de carácter divulgativo de un clásico, o versiones estrictamente fieles a la edición original de referencia).

Este servicio de ediciones a la carta le permitirá, si usted se dedica a la enseñanza, tener una forma de hacer pública su interpretación de un texto y, sobre una versión digitalizada «base», usted podrá introducir interpretaciones del texto fuente. Es un tópico que los profesores denuncien en clase los desmanes de una edición, o vayan comentando errores de interpretación de un texto y esta es una solución útil a esa necesidad del mundo académico.

Asimismo publicamos de manera sistemática, en un mismo catálogo, tesis doctorales y actas de congresos académicos, que son distribuidas a través de nuestra Web.

El servicio de «libros a la carta» funciona de dos formas.

1. Tenemos un fondo de libros digitalizados que usted puede personalizar en tiradas de al menos cinco ejemplares. Estas personalizaciones pueden ser de todo tipo: añadir notas de clase para uso de un grupo de estudiantes, introducir logos corporativos para uso con fines de marketing empresarial, etc. etc.

2. Buscamos libros descatalogados de otras editoriales y los reeditamos en tiradas cortas a petición de un cliente.

www.ingramcontent.com/pod-product-compliance
Lightning Source LLC
LaVergne TN
LVHW051003080826
845145LV00009B/2430

* 9 7 8 8 4 9 8 1 6 5 3 7 1 *